대학 · 중용

롭기 그지없는 자연의 질서를 하늘이라 여기며 그 하늘을 경외하고 그 하늘의 질서와 나의 질서를 하나 되게 하는 경건한 삶이 답답해 보이는 시대가 된 것이다. 나의 고결한 인품과 덕스런 실천이 남을 감동시키기만 하면 모두가 잘사는 세상이 되는 줄 알았던 사람들의 어리석음을 비웃으며, 갈고 닦은 나의 유능함으로 나보다 덜 유능한 사람보다 풍족한 삶을 살아야 행복한 줄 아는 시대이다. 그러므로 이 시대에 재사(才士)는 넘쳐나는데 덕사(德士)는 눈을 씻고 보아도 보이지 않는다. 『대학』도 『중용』도 쓸데없는 책이 되어 버린 것이다.

그래도 이 시대의 우리는 『대학』도 읽고 『중용』도 읽어야 한다. 한 시절, 온 나라 사람들이 그 책들을 읽고 그 책들을 외우고 책처럼 살아보려 했던 적이 있었다. 그 시대가 있었기에 현재가 있고 그 시대를 살던 사람들이 있었기에 오늘의 우리가 있기 때문이다. 그 시대가 먼 시대도 아니다. 우리의 할아버지, 좀더 나이가 적은 사람들은 할아버지의 할아버지 시대만 하더라도 그렇게 살았다. 불과 100년 전만 하더라도 그렇게 살았던 것이다. 그러므로 아직도 우리에게는 그들의 피가 진하게 흐르고 있고, 그 피의 속성에 따라 가끔씩은, 정말 가끔씩은 우리도 그렇게 살아가는 삶을 그리워해 보기도 한다. 비록 그렇게 살지는 못하더라도……

그래서 『대학』도 읽고 『중용』도 읽어야 한다. 현재를 과거의 연속이라고 한다면 가까운 과거가, 아주 가까운 과거가 『대학』과 『중용』으로 틀을 짠 가치를 보편적인 가치로 알고 살아왔던 시대였다. 부정하고 싶지만 아직도 우리에게는 그 가치의 그림자가 남아 있고 때로는 왜

옮긴이의 말

『대학』은 문리(文理)로 보는 책이 아니라 논리로 보는 책이고, 『중용』은 논리로 보는 책이 아니라 마음으로 보는 책이다. 『대학』의 그 논리는 성리학의 세계관이고, 『중용』의 그 마음은 우주와 내가 하나 되는 마음이다. 그러므로 '제대로' 『대학』의 문으로 들어가서 『중용』의 문으로 나오면 선비 한 사람이 만들어진다. 어떤 마음으로 어떻게 사는 것이 선비의 길인가를 제대로 알게 되는 것이다. 이 땅의 선비들은 그렇게 살았다. 그렇게 살지 못하더라도 그렇게 살려고 노력했고, 노력도 하지 않았다면 흉내라도 내며 살았다. 그래서 조선이 문화가 우뚝한 시절도 있었고, 나라를 망친 시절도 있었다. 제대로 사는 선비들이 많으면 문화가 융성하고, 흉내만 내는 선비가 많으면 나라를 망치게 되는 것이다.

이제는 흉내도 내지 않는다. 흉내를 낼 필요도 없어졌다. 패러다임이 바뀐 것이다. 성리학의 세계관이 이 시대의 세계관이 될 수 없고, 인간과 우주가 하나 되는 것은 놀라운 문명의 힘으로 우주를 정복할 때에만 가능하다고 여기는 시대가 되었다. 실체를 알 수 없지만 조화

옮긴이
이세동(李世東)

경북 성주에서 태어나 경북대학교 중어중문학과와 서울대학교 대학원 중어중문학과(문학박사)를 졸업하였다. 포항공대 교양학부 전임강사를 거쳐 현재 경북대학교 중어중문학과 교수로 재직 중이다. 전공은 중국 경학이지만 문학이론과 한국 경학 등으로 연구의 지평을 넓혀가고 있다. 「주자(朱子) 주역본의(周易本義) 연구」, 「주자(朱子)의 대학(大學) 개본(改本)에 대한 고찰」, 「중국 경학(中國經學) 시론(試論)」 등 다수의 논문과 『밀암(密菴) 이재(李栽) 연구』(공저), 『응와(凝窩) 이원조(李源祚)의 삶과 학문』(공저) 등의 저서와 『몽산유고(夢山遺稿)』 등의 역서가 있다.
leesd@knu.ac.kr

대학·중용

발행일
2007년 12월 30일 초판 1쇄
2021년 7월 25일 초판 7쇄

옮긴이 이세동
펴낸이 정무영
펴낸곳 (주)을유문화사

창립 1945년 12월 1일 | 등록 1950년 11월 1일(1-292)
주소 서울시 마포구 서교동 469-48
전화 02-733-8153 | FAX 02-732-9154 | 홈페이지 www.eulyoo.co.kr
ISBN 978-89-324-5253-1 03150

- 저작권법에 의해 보호를 받는 저작물이므로 무단전재와 복제를 금합니다.
- 이 책의 전체 또는 일부를 재사용하려면 저작권자와 을유문화사의 동의를 받아야 합니다.
- 책값은 뒤표지에 있습니다. 잘못된 책은 구입하신 곳에서 바꾸어 드립니다.

대학·중용

이세동 옮김

을유문화사

그렇게 행동하는지 모른 채, 그 그림자가 시키는 대로 행동하면서 산다. 『대학』과 『중용』을 읽어보면 왜 그렇게 행동하게 되는지 알게 된다. '아! 이 책들을 읽으며 살았던 할아버지의 피가 나에게 흐르고 있기 때문에 내가 이렇게 행동하고 있구나' 하고 감탄하면서.

이 책들을 읽어야 하는 또 다른 이유가 있다. 이 책들이 이 시대에도 여전히 유용한 책이기 때문이다. 이 책의 간곡한 권유가 모두 이 시대에 유용한 것은 아니다. 그러나 읽다 보면 아직도 우리의 가슴을 흔드는 감동이 더러더러 있다. 왜 유용한지, 어떤 대목이 가슴을 흔드는지는 읽어보면 안다.

이 책의 번역과 해설은 전공자들을 위한 것이 아니다. 『대학』과 『중용』을 『대학』답게 『중용』답게 만든 책이 주희(朱熹)의 『대학장구(大學章句)』와 『중용장구(中庸章句)』이기 때문에 대체로 그 논리를 따라가되 그의 주석은 번역하지 않았다. 이 책들은 한문 해독을 연습하는 책이 아니기 때문이다. 원문을 가능한 쉽게 번역하려 노력하고 주석과 해설도 대학교 초년생들이 머리 아파하지 않을 정도로 붙였다. 경학(經學)의 지식과 문헌학적인 내용들은 본문을 읽는 데 도움이 되는 정도에서 설명하였다. 독자들에게는 그렇지 않아 보일지도 모르겠다. 그러나 그렇게 하려고 노력하였다. 잘못된 번역이나 이상한 해설들이 있을 수 있다. 옮긴이의 능력이 부족한 탓이다.

이 책은 동양고전연구회의 후원과 을유문화사의 기획으로 이루어졌다. 동양고전연구회는 동양의 고전에 깊은 관심을 가진 사람들이 모여 정기적인 강의와 답사를 통해 동양학의 소양을 쌓아가는 모임이다. 본 회가 회원들의 소중한 뜻을 모아 유가 경전의 새로운 번역을 숙원 사업으로 추진하여 물심양면의 후원을 아끼지 않았기에 〈사서(四書)〉를 비롯한 일련의 책들이 새롭게 번역될 수 있었다. 이 자리를 빌어 을유문화사 편집진과 동양고전연구회 회원 여러분께 감사드린다.

2007년 저물어 가는 가을에
이세동

차례

옮긴이의 말 5 　　　　　　일러두기 12
『대학』과 『중용』을 읽기 전 이야기들 13

대학 大學 37

대학장구서(大學章句序) 39

경(經) 49
제1장 삼강령(三綱領)과 팔조목(八條目) 50

전(傳) 63
제1장 명명덕(明明德) 64
제2장 신민(新民) 66
제3장 지어지선(止於至善) 69
제4장 본말(本末) 77
제5장 격물치지(格物致知) 79
제6장 성의(誠意) 84
제7장 정심수신(正心修身) 90
제8장 수신제가(修身齊家) 94

제9장 제가치국(齊家治國) 97

제10장 치국평천하(治國平天下) 107

중용中庸 133

중용장구서(中庸章句序) 135

제1편 하늘과 인간, 그리고 중용의 길 147
제1장 148

제2장 157

제3장 160

제4장 161

제5장 164

제6장 165

제7장 167

제8장 169

제9장 171

제10장 173

제11장 177

제2편 어디에나 있는 도(道) 179
제12장 180

제13장 185

제14장 191

제15장 195
제16장 197
제17장 202
제18장 206
제19장 212
제20장 218

제3편 하늘을 본받아 성인(聖人) 되는 길 : 진실함〔성(誠)〕 239

제21장 240
제22장 242
제23장 244
제24장 246
제25장 248
제26장 251
제27장 259
제28장 264
제29장 269
제30장 274
제31장 277
제32장 281

제4편 도의 완성 : 다시 신독(愼獨)을 말하다 283

제33장 284

찾아보기 293

| 일러두기 |

1. 이 책의 텍스트는 1820년(순조 20년)에 간행된 내각장판(內閣藏板)의 『대학장구(大學章句)』와 『중용장구(中庸章句)』를 기준으로 하였다.
2. 번역은 주희(朱熹)의 견해를 기준으로 보완하였다.
3. 분장(分章)은 역시 주희의 『장구』를 따랐고, 의미 단락에 따라 적절하게 분절(分節)하였다.
4. 모든 원문의 한자에 우리말 음을 달았다. 단, 한자음은 '禮'를 '례'로 표기한 것처럼 두음법칙 등의 국어표기법이나 음운규칙을 따르지 않고 원음으로 달았으며, '不'은 현대의 발음원칙에 따라 '불'과 '부'로 구분하여 달았다.
5. 모든 원문에 토를 달았는데, 내각장판의 토를 기준으로 하되 지나치게 예스런 토는 현대어에 가깝도록 고쳤으며 의미 단락에 따라 약간의 수정을 가하였다. 또한 옛 토의 주격조사 ' ㅣ '를 현대어법에 알맞은 주격조사로 바꾸기 어려운 경우는 한 칸을 띄어 표시하였다.
6. 번역은 직역을 원칙으로 하되 의미 전달을 위하여 다소 의역하였으며, 원문에 없는 보충문을 첨가할 경우 〔 〕로 표시하였다.
7. 개념을 풀어 쓰고 원개념을 밝힐 때에도 〔 〕를 사용하였다. 예) 진실함〔성(誠)〕
8. 역자의 해설은 전문적인 경학적 해설보다는 비전공자들이 쉽게 이해할 수 있는 수준으로 하고 번역문보다 작은 활자로 처리하였다.
9. 한자에 주석을 달 경우, 글자의 난이도에 따라 달기보다는 음이나 뜻이 일반적인 용례와 차이가 있는 경우에 주로 달았다. 난이도가 높은 글자라 하더라도 음이 달려 있고, 번역문을 보면 뜻이 짐작되기 때문에 별도로 수석 처리하지 않았다.

『대학』과 『중용』을 읽기 전 이야기들

1. 우리 할아버지는 선비였다?

사람들을 만나서 이야기하다 보면 '우리 할아버지는 선비였다'라는 말을 자주 듣는다. 이때 말하는 사람의 표정이 좀 묘하다. 듣는 사람에게는 자랑으로 들리는데, 말하는 사람은 좀 불만스러운 듯하다. 그러나 불만이라고 하기에는 그의 얼굴에 스치는 긍지가 예사롭지 않다. 여러 국어사전의 설명을 종합해 보면, '선비'라는 단어에는 대강 두 가지 뜻이 있다. ①학식이 있고 행동과 예절이 바르며 의리와 원칙을 지키고 관직과 재물을 탐내지 않는 고결한 인품을 지닌 사람. ②품성이 얌전하기만 하고 현실에 어두운 사람을 비유적으로 이르는 말. 이제 그 사람의 묘한 표정이 이해가 된다. 긍지는 ①번에서 오는 것이고, 불만은 ②번 때문이다. 할아버지가 옛날 책만 읽고 살림은 영 돌보지 않아서 할머니가 고생을 많이 했다는 말이 이어지면서 말이 많아진다. 일화들이 쏟아진다.

그때 그 할아버지가 가장 많이 읽었던 '옛날 책'이 아마 〈사서(四

書)〉였을 것이다. 『대학(大學)』·『논어(論語)』·『맹자(孟子)』·『중용(中庸)』을 통째로 다 외웠을지도 모른다. 왜 할아버지가 이 책대로 살려고 하면 할머니가 고생을 하고, 그래도 지금 생각해 보면 자랑스러울까? 그리고 그렇게 말하는 본인은 이제 이 책들이 '옛날 책'이라서 읽지 않는 것일까?

선비는 전통사회에서 독서인을 지칭하는 말이다. 늘 책과 가까이 있는 사람이다. 그 책은 영어책·수학책이 아니다. 그때는 〈사서〉가 영어책이었고, 〈오경(五經)〉이 수학책이었다. 영어책·수학책은 대학 가고 나면 읽지 않지만 〈사서〉와 〈오경〉은 평생을 두고 읽고 또 읽었다. 왜 그랬을까? 그 책 속에 사람이 사람답게 사는 길이 있다고 믿었기 때문이다. 사람이 사람답게 살기 위해 책을 읽었던 것이다. 그래서 읽고 또 읽다 보면 저절로 그렇게 살아가게 된다. 그렇게 살아가는 사람을 선비라고 불렀다. 아무리 책을 많이 읽었더라도 책처럼 살지 못하는 사람은 선비가 아니었다. 선비는 학문과 실천을 본령으로 하고 하나가 빠지면 선비가 아니었다. 그래서 그 시절 선비와 학자는 의미가 겹치고, 실천하지 않는 학자는 학자가 아니었다. 요즈음은 지식이 많은 사람을 학자라고 한다.

선비들만 그랬던 것은 아니다. 그 책들을 읽지 않았더라도 그 책을 읽은 선비들이 책의 가르침을 따라 사는 것을 보고 사람들은 모두 그렇게 사는 것이 옳은 길인 줄 알고 살았다. 〈사서〉·〈오경〉은 한 시대의 가치관이었던 것이다. 이 시대가 그리 먼 시대가 아니다. 불과 100년 선이다. 그래서 지금도 선비였던 할아버지 이야기가 자연스럽게 나오고 아직도 우리에게는 선비에 대한 향수가 있다. 그래서 그 할아버지의 현실은 불만스럽지만 지금에 느끼는 그 향수는 자랑스러운 것이다. 이쯤에서 본론으로 들어가 보자. 한 시대의 가치관이 되어 선비를 만들었던 〈사서〉·〈오경〉은 어떤 책일까?

2. 〈사서〉와 〈오경〉

〈오경〉은 『시경(詩經)』·『서경(書經)』·『주역(周易)』·『춘추(春秋)』·『예기(禮記)』를 말한다. 그러나 고대에는 〈오경〉을 『시(詩)』·『서(書)』·『역(易)』·『예(禮)』·『춘추(春秋)』라고 불렀다. 이 5종의 서적에 '경(經)'이라는 명칭이 첨가된 것은 한(漢)나라 초기부터이며, 이때에는 텍스트가 일정하지 않았다. 진시황의 '분서갱유'로 사라진 책들을 한나라 초기에 다시 수집하는 과정에서 이본(異本)들이 많이 출현하였기 때문이다. 그 이본들을 비교 정리하여 대체로 한나라 말기가 되면 오늘날 우리가 보는 『시경』·『서경』·『역경(易經)』의 텍스트가 확정된다. 『춘추』의 경우는 지금도 3종의 원문이 있다. 현존하는 『좌전(左傳)』·『공양전(公羊傳)』·『곡량전(穀梁傳)』이라는 3종의 『춘추』 해설서가 인용한 원문들이 약간씩 차이를 보이고 있는 것이다. 그러나 큰 차이가 없기 때문에 대체로 동일한 원본에서 출발한 것으로 본다.

그러나 『예(禮)』는 문제가 다르다. 내용이 전혀 다른 『의례(儀

禮)』·『주례(周禮)』·『소대례기(小戴禮記)』·『대대례기(大戴禮記)』 등 4종의 문헌이 현존하고 있기 때문이다. 한나라 때는 학파에 따라 『의례』나 『주례』를 『예경(禮經)』이라고 하였고, 『소대례기』나 『대대례기』는 '경(經)'으로 취급하지 않았다. 『예기』의 '기(記)'라는 표현도 『예경』에 대한 '해설'이라는 의미가 강하다. 그러나 당(唐)나라 때 공영달(孔穎達 : 574~648)은 태종(太宗) 이세민(李世民)의 칙명에 따라 〈오경〉을 확정하는 과정에서 『소대례기』만을 〈오경〉에 편입시켰다. 이 『소대례기』가 바로 우리가 이야기하는 『예기』이다. 『예기』가 〈오경〉에 편입된 것은 이때부터다. 왜 그랬는지는 분명하지 않다. 다만 4종 예서(禮書)의 내용을 비교해 보면, 『소대례기』가 '예'의 이론과 실제에 대한 내용을 가장 잘 갖추고 있기 때문이었던 것으로 짐작할 수 있다. 이제 〈오경〉을 간략하게 소개하기로 한다.

『시경』은 중국 고대의 시가집이다. 주(周)나라 초기인 기원전 11세기 무렵부터 춘추시대 중기인 기원전 6세기 무렵까지 약 500년 동안의 시가들을 모아 놓았다. 여기에 실려 있는 305편의 시는 원래 모두 노래의 가사였다. 이 노래 가운데, 반이 넘는 160수가 민요이며 나머지는 연회와 왕실의 제사에 사용된 노래들이다.

『서경』은 고대의 문헌자료이다. 전설적인 군주 요(堯)와 순(舜)으로부터 하(夏)·은(殷)·주(周)에 이르기까지 훌륭한 군주와 현명한 신하들의 교훈적인 말씀들이 대부분이다. 그러나 그 당시의 실제 기록과 후대에서 편집하거나 만들어 넣은 부분이 섞여 있어 역사 자료로서의 가치는 적다. 다만 고대의 문화와 유가(儒家)의 이상적인 다스림에 대한 이념 등을 확인할 수 있는 책이기 때문에 소중하게 취급되어 왔다.

『역경』은 『주역』이라고도 하는데, 원래 점을 친 결과를 확인하기 위해 만들어진 책이다. 그러나 64괘(卦) 384효(爻)로 구성된 전체의 틀이 우주와 인사의 원리를 상징적으로 나타내고 있다고 간주되면서 유가 경전의 하나가 되었으며, 현대에는 중국 고대철학의 중요 자료로 취급되고 있다. 특히 본문인 괘사(卦辭)와 효사(爻辭)의 부록쯤 되는 「십익(十翼)」에 이론적인 자료가 많다.

『춘추』는 공자(孔子 : B.C. 551~B.C. 479)가 편찬한 노(魯)나라 242년간(B.C. 722~B.C. 481)의 역사 기록이다. 다만 공자가 처음 『춘추』라는 명칭의 역사서를 집필한 것이 아니라, 기존에 있었던 노나라의 역사 기록인 『춘추』를 일정한 기준으로 다시 정리한 것으로 알려져 있다. 역사적인 사실을 연대별로 짧게 표현하였는데, 후대의 학자들은 공자가 용어를 신중하게 사용하고 엄격한 기준을 가지고 서술하여 완곡한 언어 속에 유가의 큰 이념을 담아두었다고 생각했다. 미언대의(微言大義)라고 하는 것이다.

『예기』는 유가의 중요 이념인 예(禮)의 이론과 실제에 대한 모음집이다. 공자학파에서 전하여 오던 예와 관련된 문헌을 한나라 때의 대성(戴聖)이 가려서 49편으로 정리하였다고 한다. 대성의 당숙(혹은 숙부)인 대덕(戴德)도 85편으로 정리를 하였는데, 그 가운데 39편이 현존하고 있으나 앞에서 언급한 것처럼 공영달이 〈오경〉에서 제외함으로 인해 『대대례기』라는 이름으로 남아 있다. 예는 오늘날 우리가 생각하는 예절 정도의 개념이 아니다. 유가의 모든 이념들이 실천으로 드러날 때는 모두 예를 통하여 이루어진다. 그러므로 예는 개인의 생활에서부터 국가의 통치까지, 봉건사회 전반에 걸친 제도와 규범, 나아가서는 문화의 집합이다. 그래서 『예기』에는 여러 가지 내용들이 포함되어 있다.

이 5종의 서적은 모두 공자와 관련되어 있다. 『시경』과 『서경』은 어떤 형태로든 공자의 정리를 거쳤고, 『주역』의 「십익(十翼)」에는 공자의 『주역』에 대한 해설들이 실려 있다. 『춘추』는 대체로 공자의 저술로 인정되고 있고, 『예기』는 '인(仁)'과 함께 공자 사상의 두 기둥인 '예(禮)'와 관련된 문헌이다. 공자의 손길과 이념을 간직하고 있는 이 책들은 한나라 초기부터 중시되었으며, 한(漢)·위(魏)·진(晋)의 여러 학자들이 주석을 붙이고, 당나라의 공영달은 주석에 다시 주석을 붙여 『오경정의(五經正義)』를 편찬하였다. 이처럼 경전에 주석을 달면서 성립한 학문이 바로 훈고학(訓詁學)이다. 그러므로 우리는 한으로부터 당에 이르기까지의 유학을 훈고학이라고 한다.

당나라 때까지, 아니 성리학이 태동하는 송(宋)나라 때까지 유학의 교과서는 〈오경〉이었으며, 『논어』와 『맹자』는 참고서쯤 되었다. 다만 『논어』는 『효경(孝經)』과 함께 특별한 대접을 받으며 『맹자』보다 훨씬 중시되었다. 『중용』과 『대학』은 『예기』 49편 가운데 각각 제31, 제42편으로 실려 있었다. 『예기』를 읽으면 자연히 읽게 되는 『예기』의 일부였던 것이다.

당나라가 망하고 5대(五代)의 혼란기를 잠시 거친 뒤 후주(後周)의 절도사였던 조광윤(趙匡胤)은 쿠데타를 일으켜 송나라를 세웠다. 무력으로 등장한 송나라는 또 다른 무력의 쿠데타를 예방하기 위해 문치(文治)를 내세우고, 과거제도를 정비하여 새로운 인재의 선발에 주력한다. 당나라에도 과거제도가 있었지만 최종 선발권을 가지고 있었던 이부(吏部)는 가문의 배경이 없는 인물을 합격시키지 않았다. 어쩌다 합격이 되더라도 문벌 출신이 아닌 경우는 권력의 핵심부에 참여하기가 어려웠다. 송나라가 정비한 과거제에 따르면, 고시관들이 응시자의 필체를 알아볼 수 없도록 내용을 베껴 쓴 답안지를 가지고 채점하도록 하였고, 응시자의 이름도 채점이 끝난 뒤에 확인토록 하였으며, 최종 합격자는 황제 앞에서 한 차례의 시험을 치른 뒤 석차가 결정되었다. 황제가 자신을 보좌할 인재를 직접 선발한 것이다. 황제는 당연히 문벌이 아니라 답안의 우열을 가지고 석차를 매겼다. 과거의 문제는 여러 유형이 있었으나 기본은 유학적 소양이었다. 그러므로 이처럼 엄격한 실력 본위의 과거를 거쳐 중앙에 진출한 관료들, 즉 신진사대부(新進士大夫)들은 〈오경〉을 통해 유학적 소양을 쌓은 교양인들이었다. 그러므로 그들에게 정권 참여의 길을 열어준 유학은 이제 학문의 대상일 뿐만 아니라 그들이 새 시대를 만들어 가는 정치 이념이 되어야 했다. 게다가 불교와 도교가 이론적으로 정밀해지면서 유학의 상대적인 이론 결핍에 대한 위기감도 고조된다. 여기서 유학은 한 번 변한다.

　그들은 지난 시대에 이루어진 경전의 주석들을 자유롭게 비판하며 새로운 주석을 달기도 하고, 경전의 원문이 오류가 있다고 지적하기도 하였으며, 심지어는 경전의 원문을 스스로 고치거나 보완하기도 하였다. 경전의 한 마디 말조차 비판할 수 없었던 한나라·당나라와는 사뭇 분위기가 달라진 것이다. 이처럼 분위기가 새로워진 송대의 학술 전반을 오늘날 송학(宋學)이라고 하며, 송학 가운데 가장 완벽한 체계를 갖추고 후대에까지 절대적인 영향을 끼친 것이 바로 성리학(性理學)이다. 그래서 성리학을 새로운 유학이라는 의미에서 신유학(新儒學)이라고도 한다. 상대적으로 공자와 맹자(孟子 : B.C. 372?~B.C. 289?)의 유학은 원시유학이 되었다.

성리학은 태극(太極)을 모든 존재의 원인자(原因子)로 설정하고 그 원인자의 본원적인 법칙성을 '리(理)'라고 하였으며 리에 의한 물질의 형성과 운동을 '기(氣)'라고 하였다. 이와 같이 정비한 우주관과 세계관을 바탕으로 인간의 심성(心性) 문제를 규명한 뒤, 도덕적 실천을 추구하는 수양론(修養論)의 체계를 확립하였다. 수양의 궁극은 '성인됨〔위성(爲聖)〕'이며, 신진사대부들은 스스로 성인이 되어 이 땅에 성인의 다스림을 펼쳐야 하는 사명을 가지게 되었다. 우리가 주자(朱子)라고 높여 부르는 주희(朱熹 : 1130~1200)는 정호(程顥 : 1032~1085)·정이(程頤 : 1033~1107) 형제를 비롯한 선배 학자들의 이론을 집대성하여 고밀도의 이론 체계를 마련한 성리학의 완성자이다.

이론이 갖추어졌으면 이제 그 이론을 훈련하는 교과서가 필요하다. 주희는 한나라 때부터 주목받기는 했으나 결코〈오경〉의 지위를 넘볼 수 없었던 『논어』와 『맹자』에다 『예기』에서 뽑아 낸 『중용』과 『대학』을 더하여 한 세트의 책으로 만들었다. 그리고 이전의 주석과는 엄청나게 다른 주석을 다는 작업을 하였다. 주석을 만들고 난 뒤에도 세상을 떠나기 직전까지 다듬고 다듬었다. 그 결과물이 바로 『논어집주(論語集註)』·『맹자집주(孟子集註)』·『대학장구(大學章句)』·『중용장구(中庸章句)』로 구성된 『사서장구집주(四書章句集註)』이다. 『대학』과 『중용』은 『예기』 가운데서도 내용이 독특하기 때문에 한나라 때부터 학자들의 주목을 받았고, 당나라의 한유(韓愈 : 768~824)나 북송의 사마광(司馬光 : 1019~1086) 같은 인물들이 특별한 관심을 가지기는 하였다. 그러나 언제부터 『예기』로부터 독립 유통되었는지는 분명치 않다. 어쨌든 이들을 『논어』·『맹자』와 함께 하나의 체계로 묶은 사람은 주희이며, 〈사서〉라는 명칭 역시 주희의 『사서장구집주』가 통행되면서 확정되었다.

　주희는 〈사서〉를 〈오경〉보다 중시하여 먼저 읽도록 하였으며, 〈사서〉 가운데는 『대학』을 가장 먼저 읽도록 하였다. 『대학』을 인생의 목표를 설정하고 가치관을 확립하는 책으로 본 것이다. 『대학』을 읽고 난 뒤에는, 『논어』와 『맹자』를 읽으라고 하였다. 『대학』의 가치관대로 살았던 공자와 맹자의 언행을 살펴 인생의 스승으로 삼으라는 말일 것이다. 마지막으로 『중용』을 읽으라고 하였다. 최후의 단계에서 유학의 근본이념을 정밀하게 탐구하라는 말이다. 이렇게 완성된 체계는 『대학』과 『중용』이 『예기』 속에 들어 있고 『논어』와 『맹자』가 개체로 유통될 때와는 비교할 수 없는 힘을 갖추게 되있다. 훈고에 따라 그냥 읽는 책이 아니라 새 시대를 열어갈 힘을 키워주는 교과서가 된 것이다. 〈오경〉 중심의 유학이 〈사서〉 중심의 유학으로 바뀐 것이다. 우리가 읽고자 하는 『대학』은 바로 새로운 유학의 입구이고 『중용』은 출구이다. 그래서 옛날 사람들은 『대학』을 '처음 공부하는 사람들이 덕으로 들어가는 문〔초학입덕지문(初學入德之門)〕'이라고 하였고, 『중용』을 '공자 문하의 심법의 핵심〔공문심법지요(孔門心法之要)〕'이라고 하였다.

〈오경〉 중심의 유학이 〈사서〉 중심의 유학으로 바뀌었다는 것은 유학의 가치 지향이 바뀌었다는 것을 의미한다. 문헌 중심의 유학이 이념 중심의 유학이 된 것이다. 한나라의 유학도 이념이 없었던 것은 아니지만 그 이념은 대체로 천자와 귀족의 통치에 정당성을 부여하는 논리들이었으며, 〈오경〉은 그 논리를 만들어내는 텍스트였다. 더욱이 그 논리를 만든 유학자들은 이념을 만들어 지배를 위해 봉사하기만 하고 정작 자신들은 국가의 통치에 참여할 수 없었다. 그러나 송나라의 많은 재상들은 경전에서 이념을 찾으려 한 유학적 소양이 깊은 사람들이었고, 그들이 찾아낸 이념을 정치적으로 실현할 수 있는 위치에 있었다. 구양수(歐陽修 : 1007~1072)와 같은 온건론자나 왕안석(王安石 : 1021~1086)과 같은 급진개혁론자들이 모두 그들의 이념을 정치에 구현하고자 한 재상들이었던 것이다. 북송 초기부터 있던 이러한 이념에 대한 갈망들을 모아 새로운 체계를 완성한 사람이 바로 주희였다.

이 〈사서〉 중심의 패러다임은 그 당시에도 몹시 새로워 보였던 모양이다. 주희의 학문은 주희가 살았을 당시에 이미 '가짜 학문〔위학(僞學)〕'의 낙인이 찍혀 그를 비롯한 59명의 블랙리스트가 만들어졌다. 이 문제는 사상적인 문제보다 정치적인 문제 때문에 발생한 것이지만, 어쨌든 주희의 학문이 정쟁의 수단이 될 만큼 새로운 유학이었던 것은 분명하다. 이 위학당금(僞學黨禁) 때문에 주희는 만년을 우울하게 보냈다. 그러나 그의 사후 성리학은 중국을 비롯한 동아시아 사회의 보편적 패러다임이 되었으며, 그는 공자에 버금가는 인물로 추앙되었으니 아마 스스로도 만족할 만한 보상이었을 것이다.

중국보다 더 주자적(朱子的)이었던 조선의 유학자들은 그의 가르침대로 〈사서〉를 순서에 따라 읽고 또 읽었다. 중국에서 양명학(陽明學)이 판을 치던 시절에도 조선은 양명학에 물들지 않고 주희의 가르침을 지키고 실천하고자 했다. 주희의 벽은 넘을 수 없는 불가능의 벽이면서, 동시에 넘어서는 안 되는 금기의 벽이었다. 그러므로 〈사서〉는 반드시 주희의 주석에 따라 읽어야 했다. 그가 만든 새로운 패러다임의 교과서였기 때문이다. 『논어』와 『맹자』는 공자와 맹자의 언행록이기 때문에 주희가 강조하지 않았더라도 열심히 읽었을지 모른다. 그러나 『예기』의 한구석에 숨어 있던 『대학』과 『중용』은 그가 교과서로 채택하지 않았다면 그렇게 읽혔을 리가 없다. 그러므로 『대학』과 『중용』은 『대학장구』와 『중용장구』를 벗어나면 의미가 희석된다.

3. 『대학(大學)』과 『중용(中庸)』의 저자

우리나라에는 조선시대의 학교가 많이 남아 있다. 서울에 가면 성균관이 있고, 지방마다 향교가 있다. 이곳에 가보면 학생들의 기숙사인 재사가 동서로 벌려 있고 그 중앙에는 학생들이 모여서 공부하던 강당인 명륜당(明倫堂)이 있다. 이 명륜당의 현판은 대체로 주희의 글씨를 모각한 것이다. 이 명륜당 뒤에는 반드시 대성전(大成殿)이 있는데, 전각의 명칭은 그 이전의 학술을 집대성(集大成)한 공자를 기리는 의미이다. 대성전 안에는 대성지성문선왕(大成至聖文宣王) 공자의 위패가 가운데에 남쪽을 향하도록 봉안되어 있고, 바로 아랫단에 동서향으로 네 사람의 위패가 있다. 그 다음 다시 한 단을 내려와 좌우의 벽 쪽으로 중국과 우리나라 유현(儒賢)들의 위패가 있는데, 향교의 규모에 따라 조금씩 다르다. 공자와 함께 대성전의 중앙에 있는 위패의 주인공들을 사성(四聖)이라고 한다. 복성공(復聖公) 안자(顏子)·종성공(宗聖公) 증자(曾子)·술성공(述聖公) 자사자(子思子)·아성공(亞聖公) 맹자(孟子)가 그 주인공들이다. 이들의 성인(聖人) 시호는 성리학이 흥성하고 난 뒤인 원(元)나라 지순(至順) 원년(1330)에 추증된 것이다.

설명이 좀 장황하였지만 이 네 사람이 유가의 성인이 된 것은 주희가 확립한 도통론(道統論)의 영향이 크다. 도가 전하여 온 계통을 의미하는 도통은 원래 주희가 처음 이야기한 것은 아니다. 불교 선종의 승려들이 달마(達磨:?~528?)로부터 전하여 온 심법(心法)의 계통을 강조한 것이 직접적인 원인이었을 것이다. 유가의 도통 개념은 아마 한유(韓愈)가 「원도(原道)」라는 글에서 요(堯)로부터 맹자까지 도의 전승을 계통적으로 서술함으로부터 비롯하였을 것이다. 주희는 특히 이 도통에 대한 관념이 강하였다. 공자 유학의 종지가 안자와 증자에게 전하여졌고, 증자의 도통은 다시 자사에게, 자사의 도통은 맹자에게 전하여졌다고 생각하였다. 맹자 이후로 도통이 끊어졌다가 정호·정이 형제가 다시 계승하였고, 그 도통이 자신에게 연결되는 것쯤으로 생각했다. 도통을 계승하였다고 하려면 그 증거가 있어야 한다. 안자는 『논어』에 보이는 것처럼 공자가 가장 아낀 공인된 수제자였기에 문제가 없고, 맹자는 성선(性善)을 이야기한 『맹자』라는 책이 있으니 역시 문제가 없다. 증자와 자사가 문제인데, 주희는 『예기』의 두 편인 『대학』과 『중용』을 이들의 저술로 확정하면서 도통의 증거를 갖추었다. 〈사서〉가 성리학의 교과서로서뿐만 아니라 도통의 전수 과정에서도 의의가 큰 책이 된 것이다. 그러므로 성리학의 체계가 선 이후 증자와 자사는 성인의 반열에 오를 수 있었다.

 『중용』을 자사가 지었다는 말을 주희가 처음 한 것은 아니다. 역사 기록으로서 최초의 언급은 사마천(司馬遷 : B.C. 145?~B.C. 86?)이 『사기(史記)』에서 하였다. 사마천은 공자의 전기인 「공자세가(孔子世家)」에서 "자사가 『중용』을 지었다"라는 짧은 문장을 실어 두었다. 아마 이 문장 때문에 한나라의 학자들은 『중용』을 중시하였는지 모른다. 현존하는 중국 최초의 도서목록인 『한서(漢書)』의 「예문지(藝文志)」에 『중용설(中庸說)』 2편을 적어 두었으니, 한나라 때 이

미 '중용'을 다룬 책이 있었던 것이다. 그러나 누가 지은 어떤 책인지 알 수 없고, 다만 『예기』의 「중용」편과 관련이 있을 것이라는 추측만 가능하다. 「예문지」에는 또 『자사(子思)』23편이라는 책 이름이 적혀 있다. 그러나 자사가 공자의 손자 자사인지 혹은 다른 사람인지도 분명하지 않고, 공자의 손자라고 하더라도, 그 23편 가운데 『중용』의 내용이 포함되어 있는지 알 수 없다. 『중용』의 '자사 저작설(子思著作說)'은 사마천뿐만 아니라 후한의 거유 정현(鄭玄 : 127~200)과 당나라의 공영달도 인정하였으며, 이런 근거들을 바탕으로 주희는 『중용』의 내용을 분석하여 자사가 지었음을 확신하였다.

주희가 『중용』을 자사가 지었다고 말한 뒤로 몇백 년 동안 아무도 이의를 제기하지 않다가, 청대(淸代)에 고증학자들 가운데 의심하는 사람들이 간혹 나오게 되었다. 현대의 연구자들 가운데도 『중용』의 내용과 문체를 분석하여 자사의 저술일 수 없다고 주장하며 성립 시기를 한나라 초기까지 내려 잡는 사람도 있다. 그러나 위에서 언급한 여러 정황들로 미루어 『중용』이라는 책이 전체적으로 자사의 영향권 안에서 이루어진 것은 인정할 수 있을 것이다.

자사의 생애에 대한 기록은 거의 없다. 공자의 손자로 성명은 공급(孔伋)이며, 공자가 살아 있을 때 태어나 증자에게 배웠다고 한다. 노나라 목공(繆公)을 포함한 많은 제자가 있었으며, 『한비자(韓非子)』가 공자 사후의 8개 학파에 자사의 학파를 언급한 점 등으로 보아 자사가 당시 영향력 있는 학자였음을 짐작할 수 있다. 『순자(荀子)』에는 자사와 맹자의 학문을 동일한 경향으로 간주하여 비판하는 내용이 있고, 『중용』과 『맹자』의 사상적 유사성 등으로 인해 현대의 연구자들은 사맹학파(思孟學派)라는 용어를 자주 사용하고 있다. 공자의 9대손 공부(孔鮒)가 가문에서 전해 오는 이야기들을 모아서 저술하였다고 하는 『공총자(孔叢子)』에 자사와 관련된 일화들이 있지만, 이 책이 위서(僞書)라는 것이 정설이기 때문에 믿기 어렵다.

증자가 『대학』을 지었다는 견해는 『중용』의 자사 저작설보다 더 근거가 없다. 『대학』에는 공자 이후의 인물들 가운데 유일하게 증자의 말을 인용하고 있는데, 근거라면 아마 유일한 근거일 것이다. 주희도 『대학』의 경문은 공자의 말씀을 증자가 서술하고, 나머지는 증자의 취지를 증자의 문인들이 기록하였다고 하였으니 증자의 영향 아래 쓰인 글이라는 점만 인정한 셈이다. 현대의 학자들은 대체로 작자 미상으로 보고 시대는 전국(戰國)시대부터 진한(秦漢)시대까지 다양하게 보고 있다.

증자는 공자의 제자들 가운데 비교적 막내에 가까워 공자보다 46세가 적었다고 한다. 성명은 증삼(曾參)이며, 그의 아버지 증점(曾點)과 함께 공자의 제자가 되었다. 공자는 늘 증삼이 둔하다고 했다. 그리 총명하지 않았던 모양이다. 그러나 결국 공자 가르침의 종지를 깨우쳐 학통을 계승하는 수제자가 되었다. 독실한 실천과 노력의 결과였다. 『논어』와 『맹자』・『예기』・『대대례기』 등에 그의 언행과 관련된 다량의 자료가 남아 있는데, 공자의 제자들 가운데 대규모의 학단을 거느리고 가장 활발한 활동을 한 학자임을 알 수 있다. 특히 『맹자』의 「이루(離婁)」편에는 증자와 자사의 일화를 함께 언급하며, 그들의 지향이 동일하였음을 말한 구절〔증자자사동도(曾子子思同道)〕이 있어 증자와 자사 및 맹자의 학통 관계를 짐작할 수 있다. 그가 『대학』을 직접 저술하지 않았더라도, 증자의 학단과 『대학』이 무관하지는 않아 보인다.

4. 『대학(大學)』의 내용

『대학』은 고대의 최고 교육기관인 태학(太學)에서 학생들을 가르치던 내용을 서술한 책으로 알려져 있다. 주희의 설명에 따르면, 고대의 학교는 소학(小學)과 태학으로 구분되며 소학은 신분과 관계없이 적령기의 모든 아동들이 입학하여 실천 위주의 교육을 받았다. 소학의 졸업생 가운데 장래 국가의 지도자가 될 사람들은 다시 태학에 입학하여 국가를 경영할 소양을 쌓게 되는데, 그 교육 내용을 천명한 글이 바로 『대학』이라는 것이다.

『대학』은 이상적인 지도자가 되기 위한 세 가지 목표와 이 목표를 이루기 위한 여덟 단계의 과정을 말하고 있다. 이것을 삼강령(三綱領)·팔조목(八條目)이라고 하는데, 각각 명명덕(明明德)·신민(新民)·지어지선(止於至善)과 격물(格物)·치지(致知)·성의(誠意)·정심(正心)·수신(修身)·제가(齊家)·치국(治國)·평천하(平天下)로 나누어진다.

인간은 도덕적 인자(因子)를 가지고 태어났다. 이것이 '명덕(明德)'이다. 그러나 후천적 요소와 삶의 과정에서 이 도덕적 인자는 흐려지게 되고 이 흐려진 인자를 다시 '밝히는〔명(明)〕' 일이야말로 인간답게 사는 길이다. 그러므로 지도자가 되려는 사람은 먼저 스스로의 도덕적 인자를 통찰하고 도덕적 실천을 해야만 한다. 이것이 '명명덕'이다. 도덕성은 예나 지금이나 지도자의 기본 조건인 것이다. 기본 조건을 갖춘 지도자의 다스림은 도덕성의 확산으로 이루어진다. 남도 나와 같이 되도록 만드는 것이다. 이것은 강제로 이루어지는 것이 아니다. 나의 본질에서 우러나오는 도덕적 행위는 타인을 감동시키고 그 감동이 실천으로 이어지게 되면 타인은 거듭나게 된다. 새로운 사람이 된 것이다. 이것이 덕화(德化)이며, '신민'이다.

그러나 여기까지는 아직 과정이다. 명명덕과 신민은 나머지 하나의 강령, 즉 '지어지선'에서 완성된다. 지선(至善)은 더 이상 좋을 수 없는 주어진 상황에서의 최선이다. 평범한 사람도 어느 한순간은 지선의 행위를 할 수 있다. 그러나 모든 순간이 지선의 연속일 수는 없다. 그러나 『대학』의 저자는 모든 순간이 지선의 연속이기를 요구한다. 지선에 '머무르기'를 요구하고 있는 것이다. 도덕적 각성이 어떠한 상황에서도 최선의 도덕적 실천으로 이루어질 수 있도록 하라는 말이다. 이것이 '지어지선'이며, 이상의 세 가지가 삼강령이다. 이 삼강령이 완성된다면 세계는 도덕적 각성과 실천으로 충만한 완벽한 사회가 된다. 유사 이래로 이러한 사회는 없었다. 그러나 지도자는 이러한 이상을 향해 노력하여야 한다는 유가의 신념을 보여주고 있다는 점에서

『대학』은 특별하다.

팔조목은 삼강령을 이루어가는 단계이다. 나의 명덕을 밝히는 일은 격물 → 치지 → 성의 → 정심 → 수신의 단계를 거쳐 완성되고, 백성을 새롭게 하는 일은 제가 → 치국 → 평천하의 단계를 거쳐 완성된다. 명덕을 밝히는 일을 다시 앎[지(知)]과 실천[행(行)]으로 구분할 경우, 격물과 치지는 앎의 단계이고 성의·정심·수신은 실천의 단계이다. 각 조목들의 함의는 본문의 해석과 해설에 밝혀두었으므로 여기서는 생략한다.

삼강령과 팔조목을 한마디로 이야기하면 수기치인(修己治人)이다. 나를 닦고 남을 다스리라는 말이다. 나의 소양을 가꾼 뒤 세상으로 나아가 경륜을 펼치라는 말이다. 이때의 소양은 도덕성과 능력을 함께 이야기한 것이지만 유학은 도덕성을 우선시한다. 소양이 부족한 사람이 세상을 경륜하려 하는 경우가 있다. 제대로 될 리가 없다. 그러므로 세상에 경륜을 펼치고자 한다면 먼저 나를 가꾸어야 한다. 수기가 치인에 앞서 이루어져야 하는 것이다. 『대학』은 바로 이 단순하면서도 당연한 순서를 논리적으로 밝힌 책이며, 나아가 나를 가꾸고 경륜을 펼치는 방법을 설명한 책이다. 명명덕은 수기이며, 격물·치지·성의·정심·수신은 수기의 단계이다. 신민은 치인이며, 제가·치국·평천하는 치인의 확산 과정이다. 그러나 수기의 5단계와 치인의 3단계를 절대화할 필요는 없다. 격물을 반드시 완성하고 나서 치지를 하란다거나 제가를 반드시 완성하고 나서 치국을 하라는 말로 볼 필요는 없다는 것이다. 수기와 치인이라는 큰 틀 속에서 수기가 우선되어야 함을 강조하는 논리로 보면 될 것이다. 스스로를 돌아볼 줄은 모르고 세상을 다스리려고만 하는 사람들에 대한 경계일 것이다. 그러므로 수기와 치인은 유학의 본령이며, 『대학』은 유학의 본령을 논리적으로 밝힌 책이다.

  마지막으로 주희의 『대학』 개편의 의미를 좀 살펴보기로 하자. 주희는 『대학장구』를 집필하면서 『대학』의 원본을 대폭 개편하였다. 새로운 패러다임의 교과서가 되도록 글자도 바꾸고 문장의 순서도 바꾸고 자신의 글도 집어넣어 새롭게 편집하였다. 이 작업의 가장 큰 문제는 주희가 원본의 개편을 통해 '선비됨'의 출발점을 바꿔버렸다는 점이다. 원본에는 각 조목에 대한 해설이 있다. 그러나 그 해설은 여섯 개의 조목에 그치고 격물과 치지는 용어만 보일 뿐 해설은 없다. 아마 원본의 격물과 치지는 주희가 생각한 그런 뜻이 아니었기 때문일 것이다. 어쨌든 원본은 선비됨의 단계를 팔조목이 아니라 육조목으로 본 것이며, 선비됨의 출발점을 격물이 아니라 성의라고 본 것이다. 나의 몸을 가다듬기〔수신(修身)〕위해서는 마음을 바르게 하여야〔정심(正心)〕하고, 마음을 바르게 하기 위해서는 뜻이 먼저 진실해야〔성의(誠意)〕한다. 진실하다는 것은 거짓이 없이 참된 것이다. 마음이 움직이는 그 순간, 남들이 알 수 없는 그 마음자리에 거짓이 없도록 하라는 말이다. 이것이 신독(愼獨)이다. 그러므로 성의의 핵심은 신독이며 원본 『대학』은 이 지점을 선비됨의 출발점으로 보았다. 그래서 원본 『대학』은 명명덕의 오조목이 아닌 삼조목과 백성을 친애〔친민(親民)〕하되 집안과 나라와 천하로 확산시켜 가라는 삼조목을 합하여 삼강령 육조목으로 구성되어 있었다. 숫자상으로도 균형감이 있어 보인다.

주희는 이것이 마음에 들지 않았다. 이래서는 새로운 패러다임의 교과서가 될 수 없다고 생각하였다. 성리학은 앎[지(知)]을 중시한다. 우주는 왜 생겨났으며, 인간은 왜 윤리적인 실천을 해야 하며, 세상만사에는 어떤 이치들이 들어 있는가를 알아야 한다. 그런데 원본 『대학』은 도덕적 실천만을 이야기할 뿐 '이치를 추구하라[궁리(窮理)]'는 말이 없었다. 이것이 원시유학과 신유학의 갈림길이다. 신유학이 이치의 추구를 중시하였다면 원시유학은 도덕적 실천을 중시하였던 것이다. 그래서 주희는 격물과 치지를 해설하는 글을 스스로 지어 보완하고 격물을 통한 치지를 선비됨의 출발점으로 제시하였다. 실천의 세 단계 앞에 앎의 두 단계를 삽입한 것이다. 분명 문헌학적 오류이지만 그 오류가 새로운 패러다임을 만들고 그 패러다임이 이후 몇백 년 동안 동아시아 사회를 지배해 왔으니 인정할 수밖에 없다.

5. 『중용(中庸)』의 내용

『중용』은 어렵다. 공자조차도 말하기를 꺼려하였던 형이상학적인 문제들이 논의의 중심에 있기 때문이다. 그래서 주희도 "초학자들은 이해할 수 없다"거나, "『중용』은 보기 어렵다. …… 도대체 이해할 수가 없다"는 말들을 한다. 그리고는 〈사서〉 가운데 마지막에 읽기를 권유하였다. 이런 난해함 때문에 유가들은 오히려 『중용』이 유학의 근본이념을 설파한 책이라고 생각하였고, 그 요체를 깨닫기 위해 열심히 읽고 사색하였다. 그러나 그 난해함도 곁가지를 쳐내고 나서 줄기를 자세히 살펴보면 어렴풋한 형상이 보이게 되고, 여기서 다시 곁가지를 붙여서 바라보면 우뚝 선 나무 한 그루가 보일 수도 있을 것이다. 이 과정을 거치는 동안 주희의 『중용장구』를 돋보기로 활용하면 줄기와 가지가 더욱 명료해질 것이다.

'중용'의 '중(中)'은 극(極)이다. 적당한 중간이 아니라, 지나침도 없고 모자람도 없는 최선이다. 그러므로 중의 행위는 더 이상 완벽할 수 없는 지극한 행위이다. '용(庸)'은 상(常)이다. 평범하다는 말이며 평범하기 때문에 바뀌지 않는 가치라는 말이다. 종합하면 중용은 평범하기 때문에 바뀌지 않는 최선의 가치라는 뜻이 될 것이다. 이것을 요즈음 식으로 바꾸면 '보편적 가치'쯤 될 것이다. 그러므로 중용을 실천한다는 말은 매사를 보편적 가치에 적합하도록 처리한다는 말이다. 말은 쉽지만 실천하기는 정말 어려운 일이다. 언제나 어떤 일에서나 보편적 가치에 위배되지 않게 행위 한다면 아마 그는 완벽한 사람일 것이다. 유가에서는 완벽한 사람을 '성인(聖人)'이라고 한다. 그러므로 중용의 일상화는 성인의 일이다.

성인은 부부 사이에서부터 나라를 다스리는 일까지 보편적 가치에 위배되지 않는 최선의 행위를 하는 사람이다. 평범한 우리네의 일상들은 그렇지 못하다. 부부는 너무 가깝기 때문에 소홀하기 쉽고, 국가의 경영은 너무 큰 일이기 때문에 완벽하기가 어렵다. 『중용』에는 이 어려운 중용을 너끈히 실천한 성인들을 소개하고 있다. 순(舜)임금과 문왕(文王)과 무왕(武王)과 주공(周公) 같은 사람들이다. 그들은 가정의 효(孝)에서부터 국가의 경영에까지 하자가 없었던 사람들이라고 한다. 『중용』은 사람들에게 그들처럼 성인이 되라고 한다.

성인이 되기 위해서는 보편적 가치가 무엇인지를 알아야 한다. 알아야 실천할 수 있기 때문이다. 어떻게 알 수 있는가? 나의 진실함으로 알 수 있다. 나의 거짓 없음으로 알 수 있다. 나는 하늘로부터 거짓 없는 본성을 받아서 태어났다. 맹자의 성선설과 같은 논리이다. 그러므로 나의 진실한 본성의 눈으로 보면 무엇이 보편적 가치인지를 알 수 있다. 부모에게 지나침도 모자람도 없는 효도를 하는 것이 보편적 가치라는 것을 알 수 있고, 어떻게 하는 것이 모자람도 지나침도 없는 효인가를 알 수 있는 것이다. 그래서 그 본성을 따라 효를 실천하면 그것이 중용이며 그것이 길〔도(道)〕이다. 그러나 우리는 보편적 가치를 자신의 편의대로 설정하여 행동하기도 하고, 때로는 보편적 가치를 알면서도 나의 기질에서 온 이기심 때문에 외면하기도 한다. 나의 마음에 거짓이 끼어들었기 때문이다. 그러므로 나의 내면이 항상 진실로 충만하도록 해야 하며, 그래서 상황에 따라 항상 진실이 드러나도록 해야 한다. 이 진실을 『중용』은 '성(誠)'이라고 하였다.

하늘은 어떻게 나에게 거짓 없는 본성을 줄 수 있었는가? 하늘은 거짓이 없기 때문이다. 봄이 가고 나면 여름이 오고 여름이 가고 나면 가을이 온다. 가을과 겨울이 그렇게 가고 나면 다시 봄이 찾아온다. 봄이 되면 꽃이 피고 여름이 되면 녹음이 무성하고 가을이 되면 낙엽

이 지고 겨울이 되면 만물이 움츠린다. 해와 달이 교차하고 밤과 낮이 갈마든다. 자연의 순환은 이처럼 성실하고 진실하다. 이 자연의 순환이 바로 성(誠)이며 하늘이 가는 길〔천도(天道)〕이다. 그러므로 하늘은 인간에게도 이 거짓 없는 진실한 본성을 준 것이다. 인간은 하늘이 준 이 거짓 없는 본성을 지켜나가기 위해 노력해야 한다. 『중용』은 인간의 이러한 노력을 '성지(誠之)'라고 하고 이것을 사람이 가야 할 당위의 길〔인도(人道)〕이라고 한다. 이 길을 가지 않으면 사람이 아닌 것이다.

이 길의 출발점이 어디인가? 신독(愼獨)이다. 나는 나의 마음자리에 있는 거짓을 안다. 그러나 그것을 드러내지 않는다. 부끄럽기 때문이다. 저 물건이 나의 것이 아니지만 때로는 탐이 난다. 그러나 가져오지는 않는다. 사람들은 그를 정직한 사람이라고 한다. 그러나 한 순간 일어났던 탐욕의 마음을 나는 안다. 나는 마음과 다른 행동을 한 것이다. 거짓이다. 이 나만이 아는 마음속의 거짓을 없애는 것이 신독이다. 여기서 『중용』은 『대학』과 만난다. 『대학』에서도 성의(誠意)를 이야기하면서 신독을 말하고 있기 때문이다. 그러므로 선비가 되려면 『대학』으로 들어가서 『중용』으로 나와야 하고, 들어갈 때 만난 신독을 나올 때 다시 만나야 한다. 신독은 선비됨의 시작이자 끝이다. 『중용』의 마지막 장이 신독을 다시 강조하고 있는 것은 우연이 아니다.

그러나 신독을 통한 성지(誠之)는 어렵다. 그러므로 노력해야 한다. 배우고 묻고 사색하고 분변하고 실천해야 한다. 남이 한 번을 하면 나는 백 번을 하고 남이 열 번을 하면 나는 천 번을 하면 된다. 이 노력의 끝은 어디인가? 성인이다. 그래서 노력하면 사람마다 모두 성인이 될 수 있고, 이 성인들이 넘쳐나는 세상이 『중용』이 꿈꾸는 이상향이다.

이것이 아마 『중용』의 줄기일 것이다. 이 줄기를 보여주기 위해 『중용』은 하늘과 인간을 이야기하고, 도(道)를 이야기하고, 성(誠)을 이야기하고, 성인(聖人)을 이야기한다. 그래서 어려워 보인다. 그 곁가지에서 귀신도 이야기하고, 정치의 방법도 이야기하고, 종묘의 예법도 이야기하고, 사람이 살아가는 도리도 이야기하였다. 이 곁가지를 줄기에 붙이는 일은 독자들의 몫으로 남겨둔다.

대학

大學

대학장구서
大學章句序

　『대학장구』는 주희(朱熹 : 1130~1200)가 『예기』의 「대학」편을 대폭 개편하여, 장(章)을 나누고 구(句)를 끊어 주석을 붙인 책이다. 주희 이전에도 「대학」이 『예기』로부터 독립 유통되었음을 시사하는 기록들이 있으나, 일정한 이념을 기준으로 재정비하여 유학사적 의의를 천명하는 작업은 주희의 『대학장구』에서 완성되었다. 주희는 『대학장구』를 통하여 성리학적 세계관을 제시하고 개인의 수양과 교육의 체계를 마련하여 「대학」에 새로운 생명력을 부여하였던 것이다. 주희의 『대학장구』가 「대학」 원본을 왜곡하였다는 비판에도 불구하고 의미 있는 책이 될 수 있었던 것은 바로 이러한 이념 지향 때문이며, 우리의 선조들이 『대학』을 끊임없이 읽어온 이유와 오늘날 우리가 또 『대학』을 읽어야 하는 이유도 이 때문이다. 그러므로 『대학장구』에 입각한 『대학』 번역에 앞서 주희의 이념 지향이 명료하게 드러나 있는 『대학장구』의 「서문」을 여섯 단락으로 나누어 먼저 소개한다.

1[1]

大學之書는 古之大學에 所以敎人之法也라 蓋自天降生民으로 則
대학지서   고지태학   소이교인지법야   개자천강생민   즉

既莫不與之以仁義禮智之性矣언마는 然이나 其氣質之稟이 或不
기막불여지이인의례지지성의   연   기기질지품   혹불

能齊라 是以로 不能皆有以知其性之所有而全之也라 一有聰明睿
능제   시이   불능개유이지기성지소유이전지야   일유총명예

智能盡其性者 出於其間이면 則天必命之하사 以爲億兆之君師하
지능진기성자 출어기간   즉천필명지   이위억조지군사

사 使之治而敎之하야 以復其性케 하시니 此 伏羲神農黃帝堯舜所
   사지치이교지   이복기성   차 복희신농황제요순소

以繼天立極하야 而司徒之職과 典樂之官을 所由設也라
이계천입극   이사도지직   전악지관   소유설야

『대학』의 글은 옛날 태학(大學)[2]에서 사람들을 가르치던 내용을 서술
한 것이다. 하늘이 인류를 내려 보낼 때부터 인의예지(仁義禮智)[3]의
본성을 주지 않음이 없었으나 기질(氣質)[4]을 받음은 일정할 수가 없

---

1 서문의 제1단은 서문에서 가장 핵심적인 단락이다. 여기에서 주희는 성리학의 이념적 기초인 '인간의 본성이 선함[성선(性善)]'을 천명하고, 교육은 이 '성선(性善)'이 일상에서 구현되도록 인도하는 작업이며 「대학」은 그 교육의 내용과 절차를 제시한 글임을 말하였다. 천부(天賦)의 도덕 의지를 구현하는 것이 '인간됨'의 길이라는 성리학의 이념을 서문의 첫머리에서 밝힌 것이다.

2 태학(大學) : 고대의 국가 최고 교육기관. '大'의 음은 '태'.

3 인의예지(仁義禮智) : 유가(儒家)에서 이야기하는 인간의 본성에 원래 내재되어 있다는 네 가지 덕성인데, 맹자(孟子)의 주장으로부터 기원한다. 송대(宋代)의 성리학자들은 성선설의 기초가 되는 맹자의 이러한 견해를 수용하여 인간의 도덕적 본성에 대한 확신을 바탕으로 그들의 이론을 전개하였다.

4 기질(氣質) : 성리학 용어로, 인의예지의 선천적인 도덕적 본성에 대하여 혈기(血氣)에 의해서 후천적으로 생기는 성질을 말한다. 이 기질은 인간이 형체가 있게 되는 순간 기

었다. 그러므로 [모든 사람들이] 다 본성이 있음을 알고 온전히 할 수는 없었던 것이다. 만약에 본성을 다 발휘할 수 있는 총명과 지혜를 가진 사람이 그들 가운데 나오면, 하늘은 반드시 그를 명하여 뭇 백성의 군사(君師)[5]로 삼아서 그들을 다스리고 가르쳐 본성을 회복하도록 하였다. 이것이 바로 복희(伏羲)와 신농(神農)·황제(黃帝)·요(堯)·순(舜)[6] 등이 하늘의 뜻을 계승하여 황극(皇極)[7]을 세우고, 사도(司徒)[8]의 직책과 전악(典樂)[9]의 벼슬을 설치한 까닭이다.

2[10]

三代之隆에 其法寖備하니 然後에 王宮國都로 以及閭巷히 莫不
삼대지륭   기법침비   연후   왕궁국도   이급려항   막불

(氣)의 작용으로 생겨나기 때문에 사람마다 청탁(淸濁)과 후박(厚薄)의 차이가 있다. 이런 차이는 결국 현우(賢愚) 등의 차이를 유발하여 선악의 길이 있게 된다. 그러므로 본연의 성으로 기질의 성을 통제 극복하는 것이 성리학 수양론 및 교육론의 주요 과제이다.

5 군사(君師) : 본래 임금과 스승의 뜻이지만, 고대에는 덕을 갖춘 임금이 백성의 스승이었기 때문에 천자(天子)를 지칭하는 용어로 사용되었다. 임금이면서 스승인 군주라는 뜻이다.

6 복희(伏羲)와 신농(神農)·황제(黃帝)·요(堯)·순(舜) : 모두 이상적인 인격으로 다스림을 구현한 전설상의 고대 제왕들이다. 유가는 특히 요 임금과 순 임금을 이상적 군주의 전형으로 간주하였다.

7 황극(皇極) : 제왕이 천하를 통치하는 준칙. 대중지정(大中至正)한 도리를 말한다.

8 사도(司徒) : 고대에 교육을 담당하던 직책. 순 임금이 설(契)을 사도에 임명하여 백성의 교육을 담당하게 하였다는 기록이 『서경(書經)』에 보인다.

9 전악(典樂) : 고대에 음악과 교육을 담당하던 관리. 순 임금이 기(夔)를 전악에 임명하여 국가의 지도자를 양성하게 하였다는 기록이 『서경』에 보인다.

10 서문의 제2단에서는 고대의 학교인 소학과 태학의 입학 자격과 교과 내용을 설명하였다. 소학에서는 모든 어린이들을 대상으로 실천과 실용을 중시하는 교육을 실시하였으며, 태학에서는 장차 지도자가 될 사람들을 대상으로 원리적인 문제들을 탐구하고 인격을 수양하는 교육을 실시하였음을 말하였다.

有學하여 人生八歲어든 則自王公以下로 至於庶人之子弟히 皆入
유학   인생팔세   즉자왕공이하   지어서인지자제   개입

小學하여 而敎之以灑掃應對進退之節과 禮樂射御書數之文하고
소학   이교지이쇄소응대진퇴지절   례악사어서수지문

及其十有五年이어든 則自天子之元子衆子로 以至公卿大夫元士
급기십유오년   즉자천자지원자중자   이지공경대부원사

之適子와 與凡民之俊秀히 皆入大學하여 而敎之以窮理正心修己
지적자   여범민지준수   개입태학   이교지이궁리정심수기

治人之道하니 此又學校之敎에 大小之節이 所以分也라
치인지도   차우학교지교   대소지절   소이분야

3대(三代)[11]의 융성한 시절에 그 법도가 점차 갖추어지자 천자의 수도와 제후의 도읍으로부터 시골에 이르기까지 학교가 있지 않은 곳이 없었다. 사람이 태어나 여덟 살이 되면 왕공(王公) 이하 서민의 자제들까지 모두 소학에 입학하게 하여 물 뿌리고 청소하는 범절, 응대하고 대답하는 범절, 나아가고 물러나는 범절과 예법·음악·활쏘기·말몰기·글씨쓰기·셈하기 등의 글을 가르치고, 열다섯 살이 되면 천자의 장자와 나머지 아들, 공경대부 및 원사(元士)[12]의 장자 및 모든 백성 가운데 빼어난 자들[13]을 모두 태학에 들어오게 하여 이치를 탐구

---

11 3대(三代) : 하(夏)·은(殷)·주(周)를 말한다. 유가는 특히 이 세 왕조의 초기 시대를 이상적인 다스림이 구현된 시기로 보았다. '3대의 융성한 시절'은 바로 이 세 왕조의 초기 시대를 말한다.

12 원사(元士) : '사(士)'는 공경대부의 아래에 있는 관리를 말한다. 제후에게도 '사'가 있으므로 구분하기 위하여 천자의 '사'를 원사라고 하였다. 『예기(禮記)·왕제(王制)』에 천자의 삼공(三公)은 제후 가운데 공(公)·후(侯)와 같고, 천자의 경(卿)은 백(伯)과 같고, 천자의 대부는 자(子)·남(男)과 같고 원사는 부용(附庸)과 같다고 하였다. 부용은 대국에 부속되어 있는 작은 나라이니, 이 기준에 따르면 원사에게도 영지가 있었던 셈이다.

13 이들은 모두 사회의 지도자가 될 인물들이다. 천자의 장자는 후일 천자가 될 사람이고, 나머지 아들들은 제후가 될 사람들이며, 공경대부와 원사의 장자는 벼슬을 세습할 사람

하고, 마음을 바르게 하고, 자신을 닦고, 사람을 다스리는 도리를 가르쳤다. 이것이 바로 학교 교육의 크고 작은 절차가 나누어진 까닭이다.

3[14]

夫以學校之設이 其廣如此하고 敎之之術이 其次第節目之詳이 又
부이학교지설   기광여차   교지지술   기차제절목지상   우

如此로되 而其所以爲敎는 則又皆本之人君躬行心得之餘요 不待
여차   이기소이위교   즉우개본지인군궁행심득지여   부대

求之民生日用彝倫之外라 是以로 當世之人이 無不學하고 其學焉
구지민생일용이륜지외   시이   당세지인   무불학   기학언

者 無不有以知其性分之所固有와 職分之所當爲하여 而各俛焉以
자 무불유이지기성분지소고유   직분지소당위   이각면언이

盡其力하니 此古昔盛時에 所以治隆於上하고 俗美於下하여 而非
진기력   차고석성시   소이치륭어상   속미어하   이비

後世之所能及也라
후세지소능급야

학교를 이처럼 광범하게 설립하고 가르치는 방법의 순서와 절목이 이처럼 자세하였지만, 가르치는 내용은 모두 임금이 몸소 실천하고 마음으로 체득한 것들에 근본을 두어 백성들이 일상에서 지켜야 할 윤리를 벗어나는 것을 추구하지 않았다. 그러므로 그 시대의 사람들은 배우지 않음이 없었고, 배운 사람은 본성이 본래부터 있었음과 직분

들이고, 백성들 가운데 빼어난 자들은 장차 등용될 사람들이다.
14 서문의 제3단에서는 소학과 대학의 입학 자격과 교과 내용은 상이하지만 교육의 본질은 인간세계의 일상적 윤리의 범주를 벗어나지 않았음을 밝혔다. 이는 유가가 지향하는 이상적 인간관과 윤리관이 일상의 보편적 가치에 기초하고 있음을 천명한 것이다.

에 따라 해야 할 일[15]을 알게 되어 각자 노력하여 힘을 다하지 않음이 없었다. 이것이 옛날 융성하던 시절에 위에서는 다스림이 훌륭하고 아래에서는 풍속이 아름다워 후세에서 따라갈 수 없게 된 까닭이다.

4[16]

及周之衰하여 賢聖之君不作하고 學校之政不修하여 敎化가 陵夷
급 주 지 쇠   현 성 지 군 부 작   학 교 지 정 불 수   교 화   릉 이

하고 風俗이 頹敗하니 時則有若孔子之聖이사도 而不得君師之位
      풍 속   퇴 패   시 즉 유 약 공 자 지 성   이 부 득 군 사 지 위

하여 以行其政敎하시니 於是에 獨取先王之法하여 誦而傳之하여
     이 행 기 정 교   어 시   독 취 선 왕 지 법   송 이 전 지

而詔後世하시니 若曲禮少儀內則弟子職諸篇은 固小學之支流餘
이 조 후 세   약 곡 례 소 의 내 칙 제 자 직 제 편   고 소 학 지 지 류 여

裔요 而此篇者는 則因小學之成功하여 以著大學之明法하니 外有
예   이 차 편 자   즉 인 소 학 지 성 공   이 저 대 학 지 명 법   외 유

以極其規模之大하고 而內有以盡其節目之詳者也라 三千之徒가
이 극 기 규 모 지 대   이 내 유 이 진 기 절 목 지 상 자 야   삼 천 지 도

蓋莫不聞其說이언마는 而曾氏之傳이 獨得其宗일새 於是에 作爲
개 막 불 문 기 설   이 증 씨 지 전   독 득 기 종   어 시   작 위

---

15 직분에 따라 해야 할 일이란 예컨대, 아들의 직분으로는 효도를 하여야 하고 신하의 직분으로는 충성을 하여야 하는 따위이다.
16 서문의 제4단에서는 주나라 말엽에 교육이 제대로 이루어지지 못하고 다만 공자(孔子)와 증자(曾子), 맹자 등의 성현들에 의하여 교육의 내용과 이념만이 후세에 전해지게 되었음을 말하였다. 또한 이 단락에는 공자가 위로 고대 선왕들의 전통을 계승하여 집대성하고 이를 증자가 계승하였으며, 자사(子思)를 통하여 맹자에게 이어졌으나 맹자 이후 전통이 끊어졌다는 유가의 도통관(道統觀)이 나타나 있다.

傳義하여 **以發其意**러시니 **及孟子沒而其傳泯焉**하니 **則其書雖存**
전 의　　이 발 기 의　　　급 맹 자 몰 이 기 전 민 언　　즉 기 서 수 존

이나 **而知者鮮矣**라
　　　이 지 자 선 의

주나라가 쇠약함에 이르러 현명한 임금이 나오지 않고 학교의 제도가 정비되지 못하여 교화가 점차 사라지고 풍속이 무너지게 되었다. 당시에 공자(孔子) 같은 성인이 계셨지만 군사(君師)의 자리에서 정치와 교화를 펼칠 수가 없자, 이에 홀로 선왕의 법도를 간추려, 외우고 전하여 후세 사람들을 깨우치셨다. 「곡례(曲禮)」나 「소의(少儀)」·「내칙(內則)」·「제자직(弟子職)」[17] 등의 글들은 소학의 곁갈래·남은 자락이며, 이 글[18]은 소학의 학업을 완성한 뒤의 태학의 밝은 법을 드러내어 밖으로는 그 규모의 큼을 다하였고 안으로는 그 절목의 자세함을 다한 것이다. 3천 명의 문도[19]들이 그 말씀을 듣지 않음이 없었지만 증자(曾子)[20]에게 전한 내용이 유독 그 종지를 얻게 되자, 이에 해설하는 글을 지어 그 뜻을 드러내 밝혔다. 맹자가 돌아가시자 그 전함이 끊어져 그 글이 비록 남아 있었지만 아는 사람이 드물게 되었다.

---

17 「곡례(曲禮)」·「소의(少儀)」·「내칙(內則)」·「제자직(弟子職)」: 앞의 3편은 『예기』의 편명이고, 「제자직(弟子職)」은 『관자(管子)』의 편명이다.
18 이 글: 『대학』을 말한다.
19 3천 명의 문도: 공자의 제자들을 말한다. 공자에게 배운 학생은 3천여 명이었고, 그 가운데 예법·음악·활쏘기·말몰기·글씨쓰기·셈하기의 육예(六藝)에 능통한 제자는 72명이었다고 한다.
20 증자(曾子): 이름은 삼(參). 공자 말년의 제자로 실천궁행에 탁월하였다. 후세에 공자의 도통(道統)을 계승한 제자로 추앙받았으며, 주희는 『대학』이 증자와 그 문도들에 의하여 완성된 것으로 간주하였다.

5[21]

自是以來로 俗儒記誦詞章之習이 其功이 倍於小學而無用하고 異
자시이래 속유기송사장지습 기공   배어소학이무용   이

端虛無寂滅之敎 其高 過於大學而無實하고 其他權謀術數 一切
단허무적멸지교 기고 과어대학이무실   기타권모술수 일체

以就功名之說과 與夫百家衆技之流 所以惑世誣民하여 充塞仁義
이취공명지설 여부백가중기지류 소이혹세무민   충색인의

者 又紛然雜出乎其間하여 使其君子로 不幸而不得聞大道之要하
자 우분연잡출호기간   사기군자 불행이부득문대도지요

고 其小人으로 不幸而不得蒙至治之澤하여 晦盲否塞하고 反覆沈
  기소인   불행이부득몽지치지택   회맹비색   반복침

痼하여 以及五季之衰而壞亂極矣라.
고   이급오계지쇠이괴란극의

이로부터 속된 선비들이 기억하여 외우고 글 짓는 공부에 힘써 그 노력은 소학보다 배나 더 하였지만 쓸 데가 없고, 이단인 도가와 불가의 가르침은 그 고원(高遠)하기가 『대학』을 능가하였으나 공허하기만 하였다. 그 밖에 권모술수로써 공명을 이루는 일체의 학설과 제자백가 및 뭇 재주를 다투는 부류 등, 혹세무민하고 인의(仁義)를 가로막는 것들이 그 사이에 잡다하게 섞여 나와, 군자들로 하여금 불행하게도 대도의 요체를 듣지 못하게 하고, 소인으로 하여금 불행하게도 지극한 다스림의 은택을 입지 못하게 하였다. 어둡고 막히기를 반복하여 바로잡을 수 없는 지경이 되었으니, 5대(五代)[22]의 말세에 이르러

---

[21] 서문의 제5단에서는 유가의 도통이 끊어진 이래로 일상의 윤리를 벗어난 무용한 학문과 도가·불가 등 이단의 학설이 성행한 상황을 설명하였다. 이 단락에는 제자백가의 다양한 사상과 한(漢)·당(唐)의 학술을 부정하는 송유(宋儒)들의 경향이 잘 드러나 있다.

무너지고 어지러움이 극에 달하였다.

6[23]

天運이 循環하사 無往不復일새 宋德隆盛하사 治敎休明하시니 於
천운   순환   무왕불복   송덕륭성   치교휴명   어

是에 河南程氏兩夫子出하사 而有以接乎孟氏之傳하여 實始尊信
시   하남정씨량부자출   이유이접호맹씨지전   실시존신

此篇而表章之하시고 旣又爲之次其簡編하여 發其歸趣하시니 然
차편이표장지   기우위지차기간편   발기귀취   연

後에 古者大學敎人之法과 聖經賢傳之指 粲然復明於世하니 雖以
후   고자대학교인지법   성경현전지지 찬연부명어세   수이

熹之不敏으로도 亦幸私淑而與有聞焉하니 顧其爲書 猶頗放失일
희지불민   역행사숙이여유문언   고기위서 유파방실

새 是以로 忘其固陋하고 采而輯之하며 間亦竊附己意하여 補其闕
시이   망기고루   채이집지   간역절부기의   보기궐

略하여 以俟後之君子하노니 極知僭踰無所逃罪어니와 然이나 於
략   이사후지군자   극지참유무소도죄   연   어

國家化民成俗之意와 學者修己治人之方엔 則未必無小補云이라.
국가화민성속지의   학자수기치인지방   즉미필무소보운

---

22 5대(五代) : 당나라가 망하고 송나라가 건국하기까지 50여 년 동안 중원에 난립하였던 후량(後梁)·후당(後唐)·후진(後晉)·후한(後漢)·후주(後周)의 다섯 왕조.
23 서문의 제5단에서는 정호(程顥 : 1032~1085)와 정이(程頤 : 1033~1107) 형제가 맹자의 끊어진 도통을 계승하였음을 밝혀 정이의 견해에 입각한 자신의 『대학』 개편에 정당성을 부여하고 있다.

淳熙己酉二月甲子에 新安朱熹는 序하노라.
순 희 기 유 이 월 갑 자   신 안 주 희   서

하늘의 운수는 돌고 돌아 왕복하지 않음이 없으니, 송나라의 덕이 융성하여 다스림과 가르침이 아름답고 빛나게 되었다. 이에 하남(河南)의 정씨(程氏) 두 부자(夫子)[24]가 나와 맹자의 전통을 이어 실로 처음으로 이 글을 높이고 믿어 드러내고, 또 글의 순서를 바로잡아 귀착할 곳을 밝히셨다. 그 뒤로부터 옛날 태학에서 사람을 가르치던 법과, 성경현전(聖經賢傳)[25]의 취지가 찬란하게 세상에 다시 밝아졌으니 비록 나처럼 불민한 사람도 다행히 사숙(私淑)[26]하여 얻어들을 수 있게 되었다. 다만 그 글의 내용이 사라진 것이 많기 때문에 나의 고루함을 잊고 가려 모으고, 중간에 외람되이 나의 뜻을 덧붙여 그 빠진 부분을 보완하여 뒷날의 군자를 기다린다. 몹시 참람하여 죄를 피할 수 없음을 너무나 잘 알고 있으나, 국가가 백성을 교화하고 풍속을 이루려는 뜻과, 학자가 자신을 닦고 사람을 다스리는 방법에 있어서는 작은 보탬이 없지 않을 것이다.

순희(淳熙)[27] 기유년〔1189〕 2월 갑자일에,
신안(新安) 주희(朱熹)가 서문을 쓴다.

---

[24] 부자(夫子) : 학행이 탁월하여 사표(師表)가 될 만한 인물에 대한 존칭. 여기서는 정호와 정이 형제를 말한다. 정호와 정이 형제는 주희에 앞서 성리학의 이론 정비에 크게 기여하였고, 특히 정이는 『대학』에 깊은 관심을 가지고 문헌학적인 견해를 많이 밝혔는데 주희는 그의 견해를 대부분 수용하여 『대학』을 개편하였다.
[25] 성경현전(聖經賢傳) : 성인이 지은 글을 '경(經)'이라고 하고, 경의 뜻을 부연·설명한 현인의 글을 '전(傳)'이라고 한다. 여기서는 공자의 경과 증자의 전을 말한다.
[26] 사숙(私淑) : 시간적·공간적 제약으로 인해 스승을 직접 대면하고 가르침을 받을 수 없는 경우에 그의 저술 등을 통해 덕행과 학문을 스스로 익히는 일.
[27] 순희(淳熙) : 송나라 효종(孝宗)의 연호.

경
經

  주희는 『대학』을 '성인이 경을 말씀하시고 현인이 전을 지어 부연·설명하였다[성경현전(聖經賢傳)]'는 취지에 따라 '경 1장'과 '전 10장'으로 나누었다. 원래 『예기』의 「대학」에는 경과 전의 구분이 없었으나, 주희는 『대학』에 공자의 말씀을 증자가 정리한 부분과 증자의 취지를 증자의 문인들이 정리한 부분이 섞여 있다고 본 것이다. 주희가 경이라고 여긴 부분은 『대학』의 총론에 해당하는 세 가지의 강령과 여덟 가지의 조목으로 구성되어 있다.

제1장 삼강령(三綱領)과 팔조목(八條目)

　삼강령은 유학이 지향하는 이상적 인격체인 대인(大人)이 되기 위한 세 가지 실천 목표, 즉 명명덕(明明德)과 신민(新民)·지어지선(止於至善)을 말한다. 팔조목은 이 목표를 달성하기 위한 절목인 격물(格物)·치지(致知)·성의(誠意)·정심(正心)·수신(修身)·제가(齊家)·치국(治國)·평천하(平天下)의 여덟 가지 단계를 말한다. 팔조목 가운데 격물로부터 수신까지는 명명덕을 위한 순서이고, 제가로부터 평천하까지는 신민을 위한 순서이다. 명명덕의 순서를 다시 앎[지(知)]과 실천[행(行)]으로 구분할 경우, 격물과 치지는 앎의 단계이고 성의·정심·수신은 실천의 단계이다.

1

大學之道는
대 학 지 도

在明明德하며,
재 명 명 덕

대인(大人)[28]이 되는 배움의 길은

명덕(明德)[29]을 밝힘에 있으며,

---

[28] 대인(大人): 대인은 원래 '지위가 높은 사람'·'다스리는 자' 등을 의미하는 계층 용어였으나, 후대로 오면서 다스리는 자에게 요구되는 '훌륭한 인품과 탁월한 능력'을 갖춘 자에 대한 지칭으로 쓰이게 되었다. 여기서는 유가가 지향하는 '이상적인 지도자'의 의미로 보면 될 것이다.

[29] 명덕(明德): 주희의 설명에 따르면, 사람마다 태어날 때부터 하늘로부터 받아 갖추고 있는 '텅 비고 신령하여 어둡지 않은[허령불매(虛靈不昧)]' 본래의 성품을 뜻한다. 그러므로 인간은 온갖 이치를 두루 갖추고 있는 이 본성의 발현으로 세상만사를 올바르게 처리할 수 있지만 후천적으로 거울에 먼지가 앉듯 본성이 가려지기 때문에 항상 밝아 있도록 노력하여야 하는 것이다.

在親[30]民하며,
재 신 민

백성을 새롭게 함에 있으며,

在止於至善이니라.
재 지 어 지 선

[이 두 가지가] 지선(至善)[31]에 머무르도록 함에 있다.

    이 단락은 이른바 '명명덕'·'신민'·'지어지선'의 삼강령을 제시한 부분이다. 『대학』의 저자는 맹자와 마찬가지로 성선설(性善說)의 입장에 서 있다. 인간은 도덕적 인자(因子), 즉 명덕(明德)으로 충만한 본성을 가지고 태어났다. 그러므로 도덕적 실천은 인간의 당위(當爲)이다. 그러나 후천적 기질(氣質)과 삶의 과정에서 이 도덕적 인자는 흐려지게 되고 이 흐려진 인자를 다시 '밝히는[명(明)]' 일이야말로 인간답게 사는 길이다. 그러므로 지도자가 되려는 사람은 먼저 스스로의 명덕을 밝혀야 한다. 스스로의 명덕이 밝아진 다음, 인간답게 사는 길을 모르는 사람들이 명명덕을 통하여 바르게 살 수 있도록 이끌어야 한다. 대인의 인도에 따라 바르게 사는 길을 알고 실천하게 된 사람은 이미 이전의 사람이 아니다. 새로운 사람으로 거듭난 것이다. 이것이 바로 '백성을 새롭게 하는 것'이다. 삼강령을 이야기하였으나 핵심은 이 두 가지이다.
    나머지 하나, 즉 '지어지선'은 명명덕과 신민의 방법론이다. 나와 남의

---

30 친(親) : 주희는 정이의 견해에 따라 '신(新)'의 오자로 보았다. 중국의 왕양명(王陽明)이나 우리나라의 정약용(丁若鏞) 등은 오자가 아니라고 보고 '친애하다'는 뜻으로 해석하였으나, 정이와 주희는 '신'의 오자로 봄으로써 위대한 지도자는 단순히 백성을 사랑하는 것에서 한 걸음 더 나아가 백성을 도덕적으로 새롭게 만들어야 한다는 적극적 실천을 강조하였다.
31 지선(至善) : 모자람도 지나침도 없는 최선의 실천을 말한다. 주희의 비유에 따르면, 효(孝)를 실천함에 있어 불효는 모자라는 것이고 넓적다리 살을 베어 부모를 봉양하는 따위는 지나친 것이다.

도덕적 행위는 '지선(至善)'의 경지에서 완성된다. 지선은 더 이상 좋을 수 없는 최선이다. 예컨대 자식의 요구를 들어주기만 하는 부모의 무조건적인 사랑은 지선의 사랑이 아니다. 넘치는 사랑일 뿐이다. 넘치는 사랑도 지선이 아니며 모자라는 사랑도 지선이 아니다. 주어진 관계와 상황에서 최선의 사랑이 바로 지선의 사랑이다. 비단 사랑만이 그러한 것이 아니라 인간의 모든 일상 행위들이 최선으로 이루어질 때가 바로 지선인 것이다. 그러나 지선만으로 명명덕과 신민이 완성되는 것은 아니다. 평범한 사람도 어느 한순간은 지선의 행위를 할 수 있다. 그러나 매순간마다 지선을 이루기는 어렵다. 그러나 『대학』의 저자는 이 어려운 매 순간마다의 지선을 요구한다. 이것이 지선에 '머무르는' 것이다. 머무른다는 것은 굳게 지켜 옮기지 않는다는 뜻이다. 도덕적 각성이 어떠한 상황에서도 최선의 도덕적 실천으로 이루어질 수 있도록 하는 것이 지선에 머무르는 것이다. 그러므로 앞의 두 가지 강령은 마지막의 강령으로 인해 완성될 수 있다. 이것이 바로 대인이 실천해야 할 세 가지 강령이다.

  이 삼강령이 완성된다면 세계는 도덕적 각성과 실천으로 충만한 완벽한 사회가 될 수밖에 없다. 유사 이래로 이러한 사회는 없었지만 적어도 지도자는 이러한 이상을 향해 노력하여야 한다는 유가의 신념을 보여주고 있다는 점에서 이 문장은 의의가 크다.

2

知止而后에 **有定**이니, 머물러야 할 곳을 안 뒤에
지 지 이 후 　 유 정　　　　　　〔방향이〕 정해지고,

定而后에 **能靜**하며,　　　〔방향이〕 정해진 뒤에
정 이 후 　 능 정　　　　　　〔마음이〕 고요해지며,

靜而后에 能安하며,
정 이 후　능 안

〔마음이〕 고요해진 뒤에 편안해지고,

安而后에 能慮하며,
안 이 후　능 려

편안해진 뒤에 생각이 정밀해지며,

慮而后에 能得이니라.
려 이 후　능 득

생각이 정밀해진 뒤에 〔머무름을〕 얻을 수 있다.

   앞 단락의 '머무름'을 받아 앎으로부터 실천이 이루어지기까지의 순서를 이야기하였다. 명명덕과 신민이 지선에 머무름을 통해 완성되기 때문에 '머무름'에 대하여 다시 이야기한 것이다. 지선의 경지에 머무르기 위해서는 지선의 경지가 무엇인지를 먼저 알아야 한다. 주어진 상황에서 최선의 행위가 무엇인지를 먼저 알아야 하는 것이다. 스스로 행동할 바를 알고 나면 행동의 방향이 정해지고 방향이 정해지면 흔들림이 없게 되어 마음이 고요해진다. 마음이 고요해지면 불안이 사라지게 되고 불안이 사라지면 생각이 정밀해진다. 정밀한 사색을 통해 확신을 가지게 되면 어떠한 상황에서도 지선을 실천할 수 있는 것이다.

3

物有本末하고,
물 유 본 말

사물에는 근본과 말단이 있으며,

事有終始하니,
사 유 종 시

일에는 마침과 시작이 있으니,

知所先後면,
지 소 선 후

먼저 할 것과 뒤에 할 것을 알면,

則近道矣리라.
즉 근 도 의

도(道)에 가까울 것이다.

    삼강령의 선후와 지지(知止)·능득(能得)의 순서를 밝힌 것이다. 명명덕과 신민을 두고 말하면 나의 명덕을 밝히는 행위가 근본이 되기에 먼저 해야 하고, 남의 명덕을 밝혀 새롭게 하는 행위는 말단이니 뒤에 해야 한다. 여기서 근본과 말단은 행위의 중요도가 아니라 행위의 선후를 두고 말한 것이다. 내가 명명덕이 되지 않고서는 남을 새롭게 할 수 없다.
    어떤 경지에 머물러야 할지를 아는 것〔지지(知止)〕, 즉 주어진 상황에서 최선의 실천이 무엇인지를 아는 일이 시작이고, 알고 나서 실천하는 일〔능득(能得)〕이 마침이다. 무엇을 할지 모르면서 실천할 수는 없는 것이다.

4

古之欲明明德於天下者는
고 지 욕 명 명 덕 어 천 하 자

옛날 온 세상에 명덕을
밝히고자 하는 사람은

先治其國[32]하고,
선 치 기 국

먼저 자신의 나라를
바르게 다스리고,

---

[32] 국(國) : 봉건시대의 '국'의 개념은 천자로부터 분봉 받은 제후의 나라를 뜻한다.

| 欲治其國者는 | 자신의 나라를 바르게 다스리고자 하는 사람은 |

| 先齊[33]其家[34]하고, | 먼저 자신의 집안을 바로잡고, |

| 欲齊其家者는 | 자신의 집안을 바로잡고자 하는 사람은 |

| 先脩[35]其身하고, | 먼저 자신의 몸을 가다듬고, |

| 欲脩其身者는 | 자신의 몸을 가다듬고자 하는 사람은 |

| 先正其心하고, | 먼저 자신의 마음을 바르게 하고, |

| 欲正其心者는 | 자신의 마음을 바르게 하고자 하는 사람은 |

| 先誠其意하고, | 먼저 자신의 뜻을 진실하게 하고, |

---

33 제(齊) : '가지런하게 하다 · 정제(整齊)하다 · 바르게 하다'의 뜻이다.
34 가(家) : 봉건시대의 '가'의 개념은 제후가 그의 신하들에게 분봉한 일정한 영지(領地)를 뜻하는 것으로 오늘날의 집이나 가정과는 다르다. 여기서는 편의상 집안이라고 번역하였다.
35 수(脩) : '수(修)'와 같다. '바르게 닦는다'는 뜻이다.

欲誠其意者는 _{욕 성 기 의 자}	자신의 뜻을 진실하게 하고자 하는 사람은
先致³⁶其知하니, _{선 치 기 지}	먼저 자신의 앎을 철저하게 하였으니,
致知는 在格物³⁷하니라. _{치 지 재 격 물}	앎을 철저하게 하는 것은 사물의 이치를 확실하게 밝히는 일에 있다.

    삼강령을 실천하는 여덟 단계의 세부 조목을 말하였다. 나의 명덕을 밝히는 일은 격물·치지·성의·정심·수신의 단계를 거쳐 완성되고, 백성을 새롭게 하는 일은 제가·치국·평천하의 단계를 거쳐 완성된다.
    『대학』의 저자는 평천하(平天下), 즉 천하를 평정하는 일을 무력으로 세계를 정복하는 것이 아니라 온 인류가 모두 자신의 명덕을 밝혀 도덕적 실천을 하도록 하는 것이라고 생각하였다. 그러므로 온 세상이 도덕적 각성과 실천으로 충만하기 위해서는 먼저 자신의 나라가 도덕적 각성과 실천으로 충만하도록 하여야 하며, 자신의 나라에 앞서 자신의 가정과 집안에서 먼저 이러한 이상이 구현되어야 하며, 자신의 집안이 그러하기 위해

---

36 치(致) : 노력하여 최상의 상태에 도달한다는 뜻이다. 그러므로 '치지(致知)'는 노력하여 나의 앎을 극대화하는 것을 말한다.
37 격물(格物) : 예부터 학자들 사이에 의견이 분분하였던 단어이다. 주자는 '격'을 이르다·도달하다는 '지(至)'의 뜻으로 풀고, '물'을 형체가 없는 일과 형체가 있는 물상을 포괄하는 사물(事物)의 개념으로 풀어, 삼라만상의 모든 사물의 이치를 추구하여 그 궁극에 도달하는 것으로 격물을 해석하였다.

서는 자신이 먼저 모범을 보여야 한다. 도덕적 각성과 실천이 단계적으로 이루어지는 출발점은 자신인 것이다. 이러한 이상의 단계적 실현은 강제에 의하여 이루어지는 것이 아니다. 도덕적 각성과 실천으로 충만한 나에 의하여 나의 가족이 감화되는 것이며 이러한 감화가 단계적으로 일어나게 되는 것이다. 이것이 바로 덕에 의한 감화[덕화(德化)]이며 덕에 의한 다스림[덕치(德治)]인 것이다.

그러므로 가장 중요한 일은 나의 몸을 가다듬는 일[수신(修身)]이며, 나의 몸을 가다듬기 위해서는 몸의 주인인 마음을 바르게 하여야 하고, 마음을 바르게 하기 위해서는 뜻이 먼저 진실해야 한다. 주희는 뜻을 마음의 발현[심지발(心之發)]이라고 하였다. 마음이 움직여 뜻이 된다는 것이니 좀더 쉽게 이야기하자면 마음에서 우러나오는 생각이나 의지를 말하는 것이라고 볼 수 있다. 진실하다는 것은 거짓이 없이 참된 것이다. 마음이 움직이는 그 순간에 거짓이 끼어들지 않아야 올바른 생각·올바른 의지가 될 수 있다는 말이다. 움직이는 마음에 거짓이 없기 위해서는 무엇이 거짓이고 무엇이 참인지를 알아야 한다. 알되, 어설프게 알아서는 선악의 갈림길에서 갈등하게 되니 철저하게 알아야 한다. 철저하게 참과 거짓·선과 악을 분별할 수 있어야 참과 선을 향한 뜻이 간절해지게 되니, 그러므로 성의(誠意)에 앞서 치지(致知)가 이루어져야 한다.

앎을 철저하게 하기 위해서는 사물의 이치를 확실하게 밝혀야 한다. 여기서 사물은 형체가 있는 물체만이 아니라 세상만사와 삼라만상을 모두 포함하는, 글자 그대로 사(事)와 물(物)을 모두 포괄하는 개념이다. 인간은 살아가면서 끝없이 사물을 접하고 다양한 관계 속에서 수많은 일에 부닥치게 된다. 주자의 이론에 따르면, 이 모든 사와 물에는 모두 각각의 이치[리(理)]가 있다. 산에는 산의 이치가 있고 물에는 물의 이치가 있으며, 부모와 자식의 관계에는 부자의 이치가 있고 임금과 신하 사이에는 군신의 이치가 있다. 그러므로 각각의 사물에 나아가 그 이치를 확실하게 밝힘으로써 나의 앎이 철저해지는 것이다. 이것이 바로 격물을 통한 치지이다.

5

物格而后에 知至하고,
물격이후   지지

사물의 이치가 확실하게 밝혀진 뒤에 앎이 지극해지고,

知至而后에 意誠하고,
지지이후   의성

앎이 지극해진 뒤에 뜻이 진실해지고,

意誠而后에 心正하고,
의성이후   심정

뜻이 진실해진 뒤에 마음이 바르게 되고,

心正而后에 身脩하고,
심정이후   신수

마음이 바르게 된 뒤에 몸이 가다듬어지고,

身脩而后에 家齊하고,
신수이후   가제

몸이 가다듬어진 뒤에 집안이 바로잡히고,

家齊而后에 國治하고,
가제이후   국치

집안이 바로잡힌 뒤에 나라가 바르게 다스려지고,

國治而后에 天下平이니라.
국치이후   천하평

나라가 바르게 다스려진 뒤에 온 세상이 올바르게 된다.

앞의 단락이 팔조목을 역순으로 나열하여 실천 공부의 단계를 말하였다면 이 단락에서는 사물의 이치를 확실하게 밝히고 나면 앎이 지극해지고 앎이 지극해지고 나면 뜻이 진실해지는 등, 순서에 따른 효과를 말하였다.

6

自天子로 以至於庶人히
자 천 자   이 지 어 서 인

〔그러므로〕 천자로부터 서민에 이르기까지

壹是皆以脩身爲本이니,
일 시 개 이 수 신 위 본

한결같이 모두 몸을 가다듬는 것을 근본으로 삼아야 한다.[38]

其本이 亂
기 본   란

근본이 어지러우면

而末治者가 否矣며,
이 말 치 자   부 의

말단이 바르게 다스려질 수가 없고,

其所厚者에 薄이오
기 소 후 자   박

두터이 해야 할 일을 소홀히 하면서

而其所薄者에 厚할이
이 기 소 박 자   후

소홀히 할 일을 두터이 할 수 있는 사람은

未之有也니라.
미 지 유 야

있지 않다.[39]

---

[38] 팔조목의 첫 단계인 '격물'이 아닌 '수신'을 근본이라고 한 것은, 명명덕이 신민의 근본이 되기에 명명덕의 마지막 단계인 수신으로써 명명덕의 전체를 포괄하여 말한 것이다.

[39] '두터움과 소홀함〔후박(厚薄)〕'은 마음을 씀에 있어서 선후의 순서를 말한다. 예컨대,

천자로부터 서민에 이르기까지 신분의 고하를 막론하고 누구나 수신(修身)을 근본으로 삼아야 함을 천명하고 경문 전체의 순서에 따른 취지를 재삼 강조하였다. 유학은 본래 수기(修己)와 치인(治人)을 본령으로 한다. 자신의 덕성과 능력을 함양한 뒤에 세상에 나아가 경륜을 펼치는 것이니, 『대학』의 논리대로 하자면 수기는 바로 명명덕이며 치인은 신민이다. 그러므로 격물·치지·성의·정심·수신의 단계로 이루어지는 수기는 근본이 되고, 제가·치국·평천하의 순서로 이루어지는 치인은 말단이 된다. 근본인 수기 혹은 수신이 이루어지지 않고서는 말단인 치인이 될 수 없는 것이다.

두터이 할 것과 소홀히 할 것 역시 일의 선후를 가지고 말한 것이다. 수기가 되고 난 뒤 치인을 할 경우, 집안을 먼저 잘 다스려야 한다. 집안을 잘 다스리지 않고서 나라를 잘 다스릴 수는 없는 것이다. 그러므로 집안과 나라를 두고 두터이 할 것과 소홀히 할 것을 따진다면 집안이 전자가 되고 나라는 후자가 되며, 나라와 천하를 두고 이야기하자면 나라는 두터이 해야 할 것이고 천하는 소홀히 해야 할 것이 된다. 두터이 해야 할 집안을 잘 다스리지 못하고 소홀히 해야 할 나라나 천하를 잘 다스릴 수 있는 사람은 없는 것이다.

여기서 한 가지 유의해야 할 것은 『대학』의 이야기가 가사(家事)와 국사(國事)의 순서를 정해두고 가사를 먼저 처리하고 국사에 종사하라는 말은 아니라는 점이다. 『대학』의 논리를 오해하여, 집안이 완벽해진 뒤에 국사에 종사해야 한다고 하면 아마 벼슬할 수 있는 사람이 거의 없을 것이다. 유사 이래 구성원들이 모두 도덕적으로 완벽한 집안이 얼마나 되었을

집안 바로잡는 일에 먼저 마음을 쏟고 난 뒤에 나라 다스리는 일에 마음을 써야 하는데, 거꾸로 집안 바로잡는 일을 소홀히 하고서 나라 다스는 일에 먼저 마음을 쏟아서는 될 수 없다는 말이다.

까? 오히려 전통사회에서는 국사를 위하여 가정을 돌보지 않는 사람이 칭송의 대상이 되고, 가정을 위하여 국사를 뒤로 미루는 일이 비난의 대상이 되곤 하였다. 『대학』에서 이야기하는 제가·치국·평천하의 근본은 수기이다. 수기가 되지 않고서는 제대로 된 치인이 될 수 없다. 자신을 바르게 닦은 뒤에, 가정에 있으면 제가가 될 것이고 벼슬에 나아가면 백성들을 감화시킬 수 있다. 다만, 나의 덕화가 집안에서 이루어지고 나면 내 집안이 나라를 감화시킬 수 있고, 나라는 천하를 감화시킬 수 있어 범위를 점차 넓혀 가는 것이 순조롭다는 말일 것이다. 설령 내가 수신하였다 하더라도 천하 사람들이 어떻게 모두 나를 알아 감화되겠는가? 그러므로 가정에서부터 시작해야 한다는 말일 뿐인 것이다. 결론적으로 『대학』의 핵심 논리는 '치인을 위해서는 수기가 먼저 되어야 한다'는 것이다.

　수기와 치인의 문제도 마찬가지이다. 수기가 완벽하게 이루어진 사람, 즉 도덕적 완인(完人)은 성인(聖人)이다. 성인이 되고 나서야 제가를 할 수 있다면 할 수 있는 사람이 아무도 없을 것이다. 지극한 성인〔지성(至聖)〕 공자도 가장 가까운 아내를 교화시키지 못하고 내치지 않았던가? 『대학』의 논리는 치인을 위해서는 수기가 중요함을 강조한 것일 뿐이다. 주어진 상황에 따라 도덕적 기준을 가지고 최선을 다하라는 말이다.

전
傳

　주희가 증자의 취지를 증자의 문인들이 기록한 내용이라고 생각하고, '명명덕(明明德)'·'신민(新民)'·'지어지선(止於至善)'·'본말(本末)'·'격물치지(格物致知)'·'성의(誠意)'·'정심수신(正心修身)'·'수신제가(修身齊家)'·'제가치국(齊家治國)'·'치국평천하(治國平天下)' 등 열 개의 장으로 나눈 부분이다. 전에서는 경에서 제시한 세 가지 강령과 여덟 가지 조목에 대해, 『시경』·『서경』 등 고전들의 관련 문장을 인용하여 해설하고 있다. 단, 『예기』의 원본에는 여덟 가지 조목 가운데 격물치지와 관련한 내용이 없는데, 원래 있었으나 잃어버렸다고 생각한 주희가 스스로 128자를 저술하여 보완하였다. 아울러 주희는 강령과 조목에 대한 계통적인 해설을 고려하여 원문의 일부분이 순서가 바뀌었다고 생각하고 이동시켰다. 이러한 주희의 개편이 문헌학적으로 문제가 없지 않지만, 유학을 처음 공부하는 사람들에게 명료한 성리학적 세계관을 제시한 학문적 가치는 부정할 수 없다. 그러므로 여기서는 주자가 개편한 체제에 입각하여 번역·해설한다

제1장 명명덕(明明德)

1

康誥에 曰   「강고(康誥)」[40]에
克[41]明德이라 하며,   "능히 덕을 밝히셨다" 하였고,

大甲에 曰   「태갑(太甲)」[42]에
顧諟[43]天之明命이라 하며,   "이 하늘의 밝은 명령을 돌아보셨다" 하였으며,

帝典에 曰   「제전(帝典)」[44]에
克明峻德이라 하니,   "능히 위대한 덕을 밝히셨다" 하였으니,

---

40 「강고(康誥)」: 『서경』의 편명. 주나라 무왕(武王)이 그 아우 강숙(康叔)을 위나라의 제후로 봉하면서 교훈을 내린 글이다. 이 구절은 무왕과 강숙의 아버지인 문왕(文王)의 치적을 이야기한 부분에 보인다.
41 극(克): 능(能)의 뜻이다.
42 「태갑(太甲)」: 『서경』의 편명. 탕(湯) 임금을 도와 은나라를 세운 이윤(伊尹)이 탕 임금의 손자 태갑에게 고계(告戒)한 글이다. 이 구절은 탕 임금의 치적을 이야기한 부분에 보인다. 원문의 '大'는 '태'로 읽어야 한다.
43 시(諟): 시(是)와 같은 의미로 '이'의 뜻이다. 자세히 살피다[심(審)]는 뜻도 있는데 역시 뜻이 통하지만 주희는 '이'의 뜻으로 보았다.
44 「제전(帝典)」: 『서경』의 「요전(堯典)」을 말한다. 요(堯) 임금의 사적을 기록한 글이다.

皆自明也니라.
개 자 명 야

모두 〔자신의 덕을〕 스스로
밝게 하였다는 것이다.

    문왕은 주나라 발전의 터전을 마련하여 그의 아들 무왕이 왕업을 이루도록 한 인물이며, 탕은 은(殷)나라를 세운 임금이며, 요는 순(舜)과 함께 전설시대의 군장(君長)인데 모두 이상적인 군주의 전형으로서 유가에서 존중해 온 인물들이다. 이들은 모두 덕의 다스림, 즉 덕치(德治)를 구현한 인물들인바, 덕치에 앞서 자신의 덕을 먼저 밝혔음을 기록들이 전하고 있음을 예증한 것이다. 탕 임금의 경우, 문왕이나 요 임금처럼 '덕(德)'이라는 단어를 쓰지 않고 '하늘의 밝은 명령'이라고 하였는데, 이는 인간의 덕은 하늘이 부여하는 것이기 때문에 하늘을 주체로 말할 때는 명(命)인 것이며 인간을 주체로 말할 때는 덕이기 때문에 동일한 의미 맥락으로 사용한 것이다. 여기서 돌아본다는 것은 늘 잊지 않고 마음에 두고 있다는 뜻이다.

제2장 신민(新民)

1

湯之盤銘에 曰
탕 지 반 명   왈

탕(湯) 임금의 반명(盤銘)[45]에

苟[46]日新이어든,
구   일 신

"만약에 어느 날 새로워졌다면,

日日新하고,
일 일 신

날마다 날마다 〔더욱〕 새롭게 하고,

又日新이라 하며,
우 일 신

또 날마다 새롭게 하라" 하였으며,

康誥에 曰
강 고   왈

「강고(康誥)」에

作新民이라 하며,
작 신 민

"새로워진 백성들을 진작시키라"
하였으며,

詩曰
시 왈

『시(詩)』[47]에

---

[45] 반명(盤銘) : '반'은 몸을 씻는 그릇을 말하고, '명'은 경계하기 위한 글을 말하는데, 탕 임금이 몸의 때를 벗겨 내듯이 마음의 때를 벗기기 위하여 목욕통에 스스로를 경계하는 글을 새겨 넣은 것이다.
[46] 구(苟) : 이 글자는 부사로 사용될 경우, 보통 '진실로'라고 해석하지만 '만약에'라는 가정의 의미도 있다. 특히 문장의 첫머리에 사용될 때는 대체로 가정의 뜻이지만 전통적으로 '진실로'라고 해석하고 가정의 뜻으로 짐작해 왔다. 여기서는 '만약에'라고 해석하였다.
[47] 『시(詩)』: 『시경』을 말한다. 고대에는 일반적으로 〈삼경(三經)〉에 '경'자를 붙이지 않

周雖舊邦이나, 주 수 구 방	"주나라가 비록 옛 나라이지만,
其命維新이라 하니, 기 명 유 신	그 천명(天命)이 새롭도다" 하였으니,
是故로 君子는 시 고 군 자	그러므로 군자는
無所不用其極이니라. 무 소 불 용 기 극	최선[48]을 다하지 않음이 없는 것이다.

    탕 임금은 몸을 씻는 그릇에 글을 새겨 늘 보며 반성하였으니 참으로 수신(修身)에 부지런했던 군주였던가 보다. 사람은 살아가다 보면 어느 순간 자신의 과오를 떠올리며 반성하는 순간이 있다. 이 순간이 바로 "어느 날 새로워짐"이다. 그러나 우리 보통 사람들에게 이 반성은 한순간으로 끝나고 만다. 그러나 탕 임금은 이 순간을 놓치지 않는다. 이 순간의 반성을 지속시켜 반성을 통한 실천이 항상 최선의 상태에 머무르도록 하기 위해 "날마다 날마다 새롭게 하고", 이것도 모자라 "또 날마다 새롭게" 하고자 씻을 때마다 늘 보는 그릇에 글을 새겨 두었다. 이처럼 철저한 수신이 있었기에 그의 덕에 감화된 백성들의 마음을 모아 천하의 주인이 될 수 있었던 것이다.
    이 인용문이 '신민'의 취지를 설명하는 문장이라면, 스스로 새로워진 그

고 『시』·『서』·『역』이라고 하였다. 이 구절은 「대아(大雅)·문왕(文王)」편에 있다.
48 최선 : '지어지선(止於至善)'을 의미한다. 새로워지는 순간을 놓치지 않고 날마다 새롭게 한다거나, 진작시킨다거나 하여 지선의 경지에 머무르도록 계속 노력한다는 말이다.

가 백성들을 '새롭게' 만들기 위해 새겨 둔 문장으로 볼 수도 있을 것이다. '만약에 어느 날 〔백성들이〕 새로워졌다면 그 순간을 놓치지 말고 그들을 더욱 새롭게 만들어라'고 해석할 수도 있기 때문이다. 자신을 새롭게 하건 백성을 새롭게 하건 이 문장은, 어느 한순간 과거의 잘못을 깨달아 새롭게 되었으면 그 순간으로 그칠 것이 아니라 새로워진 상태를 지속하기 위해 부단히 노력하여 '지어지선(止於至善)'하라는 의미이다.

「강고」의 문장 역시 덕에 감화되어 어느 한순간 새로워진 백성들에게 만족하지 말고 고무·진작시켜 그 새로움이 지선의 상태에서 지속되도록 하라는 말이다. 이렇게 할 경우 문왕처럼 천명을 새롭게 바꾸어〔혁명(革命)〕 천하를 차지하는 최선의 효과를 거둘 수 있는 것이다. 그러므로 마지막 문장의 '최선을 다한다'는 말은 나와 남이 최선의 결과를 이룩할 때까지 노력을 게을리 하지 않을 뿐만 아니라 최선의 결과를 이루고 난 뒤에도 부단히 노력하여 그 결과를 지속시키도록 한다는 말이다.

이 단락은 신민을 이야기하면서 마지막 문장을 통해 아래 단락과의 논리적 연결을 도모하였다.

제3장 지어지선(止於至善)

1

詩云
시 운

『시』⁴⁹에 이르기를,

邦畿千里여,
방 기 천 리

"나라의 기내(畿內)⁵⁰ 사방 천리여,

惟民所止라 하고,
유 민 소 지

백성들 머물러 사는 곳이로다"
하였고,

詩云
시 운

『시』⁵¹에 이르기를,

緡蠻⁵²黃鳥여,
면 만 황 조

"꾀꼴꾀꼴 꾀꼬리여,

止于丘隅라 하여늘,
지 우 구 우

숲 깊숙한 언덕에 머물러 사는구나"
하였는데,

子曰
자 왈

〔이에 대해〕 공자께서 말씀하셨다.

於止에 知其所止로소니,
어 지   지 기 소 지

"머무를 때에 그 머물러야
할 곳을 아니,

---

49 『시』: 『시경』의 「상송(商頌)·현조(玄鳥)」편이다.
50 기내(畿內): 천자의 직할지를 말한다.
51 『시』: 『시경』의 「소아(小雅)·면만(緜蠻)」편이다.
52 면만(緡蠻): 새 울음소리를 형용한 의성어이다. 『시경』에는 '緜蠻'으로 되어 있다.

可以人而不如鳥乎아!
가 이 인 이 불 여 조 호

사람으로서 새보다
못할 수 있으랴!"

    나라의 땅은 백성들이 머물러 살 곳이며 숲 깊숙한 언덕은 꾀꼬리가 머물러 살 곳이듯, 하늘로부터 밝은 덕을 받아 태어난 사람이라면 명명덕과 신민이 항상 지선(至善)의 상태에서 이루어지도록 노력하여야 한다는 취지로 『시경』을 인용하였다. 『대학』의 저자는 공자의 『시』 해설을 '꾀꼬리가 깊은 숲에 머무르듯이 사람은 지선에 머물러야 한다'는 의미로 간주하였으나 분명치 않다. 인간의 도덕적 당위(當爲)를 일반적인 취지에서 강조한 것으로 보아도 될 것이다.

2

詩云
시 운

『시』[53]에 이르기를,

穆穆文王이여,
목 목 문 왕

"심원(深遠)하신 문왕(文王)이여,

於[54]緝熙敬止[55]라 하니,
오 즙 희 경 지

아! 쉼 없이 힘쓰시고 [덕을]
밝히시어 [머물러야 할 곳에]
공손히 머무르셨다" 하였으니,

---

53 『시』: 『시경』의 「대아(大雅)·문왕(文王)」편이다.
54 오(於): 감탄사이다. 독음은 '오'이다.
55 즙희경지(緝熙敬止): 어떤 주석가들은 '즙희' 두 글자를 '빛나다'라는 뜻으로 보았으나 주희는 '즙'을 계속하다는 의미로, '희'는 빛나다는 의미로 나누어 보았다. 주희의 해석도 『시경』에서와 『대학』에서의 해석이 다른데, 『시경』에서는 '즙희'를 술어로 '경'을 목

爲人君엔 止於仁하시고,
위인군   지어인

남의 임금이 되어서는 어짊에 머무르고,

爲人臣엔 止於敬하시고,
위인신   지어경

남의 신하가 되어서는 공경함에 머무르고,

爲人子엔 止於孝하시고,
위인자   지어효

남의 아들이 되어서는 효에 머무르고,

爲人父엔 止於慈하시고,
위인부   지어자

남의 아비가 되어서는 자애로움에 머무르고,

與國人交엔 止於信이러시다.
여국인교   지어신

나라 사람들과 사귈 때에는 믿음에 머무르셨도다.

『시경』의 시를 인용하여 지어지선(止於至善)한 예로써 문왕을 들고 있다. 문왕이 각각의 관계와 상황에서 최선을 다하였음을 말하였다.

적어로 '지'는 어조사로 보고 '공경함을 계속하여 밝혔다'는 의미로 주석하였다. 그러나 『대학』에서는 시를 실사(實辭)로 보았는데 이는 『대학』에서 이 구절을 인용한 이유가 '머무름'에 있기 때문이다. 이처럼 상황에 따라 부분적인 문장이나 시구를 자의적인 의미로 인용하는 경우를 '단장취의(斷章取義)'라고 한다.

3

詩云
_{시 운}

瞻彼淇澳한대,
_{첨 피 기 욱}

菉竹猗猗로다.
_{록 죽 의 의}

有斐君子여,
_{유 비 군 자}

如切如磋하며,
_{여 절 여 차}

如琢如磨라.
_{여 탁 여 마}

瑟兮僴兮며,
_{슬 혜 한 혜}

赫兮喧兮니,
_{혁 혜 훤 혜}

有斐君子여,
_{유 비 군 자}

終不可諠兮라 하니,
_{종 불 가 훤 혜}

『시』[56]에 이르기를,

"저 기수(淇水)의 굽이진 곳을 바라보니,

푸른 대나무 아름답고 무성하도다.

빛나시는 군자여!

〔칼로〕 자른 듯 〔줄로〕 문지른 듯하며,

〔끌로〕 쫀 듯 〔숫돌에〕 간 듯하구나.

찬찬하고 꿋꿋하시며,

밝고 성대하시니,

빛나시는 군자여!

끝내 잊을 수 없도다!" 하였으니,

---

56 『시』: 『시경』의 「위풍(衛風)·기욱(淇奧)」편이다.

| 如切如磋者는 | 자른 듯 문지른 듯하다는 것은 |
| 여 절 여 차 자 | |

道[57]學也오,
도 학 야

학문을 말하는 것이며,

如琢如磨者는
여 탁 여 마 자

쫀 듯 간 듯하다는 것은

自脩也오,
자 수 야

자신을 가다듬는 것이며,

瑟兮僩兮者는
슬 혜 한 혜 자

찬찬하고 꿋꿋하다는 것은

恂慄也오,
준 률 야

〔내면이〕 엄숙하다는 것이며,

赫兮喧兮者는
혁 혜 훤 혜 자

밝고 성대하다는 것은

威儀也오,
위 의 야

〔외면의〕 위엄과 범절이며,

有斐君子를
유 비 군 자

빛나시는 군자를

終不可諠兮者는
종 불 가 훤 혜 자

끝내 잊을 수 없다는 것은

道盛德至善을
도 성 덕 지 선

성대한 덕으로 지선(至善)에
머무르신 것을

---

57 도(道) : '말하다'는 뜻이다.

民之不能忘也니라.
민 지 불 능 망 야

백성들이 잊을 수 없다는 말이다.

『시경』의 「위풍·기욱」편은 위나라 사람들이 90세가 넘어서도 수신(修身)을 게을리 하지 않은 위무공(衛武公)을 찬미하여 지은 시로 알려져 있다. 위무공은 위나라에 처음 봉해진 강숙(康叔)의 8대손으로 주나라가 견융(犬戎)의 침입을 받아 낙읍(洛邑)으로 도읍을 옮길 때 공을 세웠으며, 위나라의 최전성기를 만든 군주였다. 95세에 자신을 경계하기 위해 지은 시가『시경』의 「대아(大雅)·억(抑)」편이라는 설이 있다. 『대학』의 저자는 문왕을 이어 위무공을 명명덕(明明德)하여 지어지선(止於至善)한 예로 들었는데, 앞의 단락에서 문왕의 구체적인 실천을 이야기하였다면 여기서는 위무공의 부단한 수신과 그 덕화(德化)까지 함께 이야기하였다고 할 수 있다.

기수(淇水)는 옛 위나라 지역을 흘러가던 강물의 이름인데 주변에 우거진 대나무를 보고 위나라 사람들이 위무공의 군자다운 기상을 떠올렸을 것이다. '유비(有斐)'의 '비'는 무늬가 어우러져 문채가 나는 모양을 의미하는 글자인데 사람을 두고 이야기할 때는 내면에 덕이 충만하여 저절로 밖으로 드러나는 것을 말한다. 절차탁마(切磋琢磨)는 오늘날에도 끊임없이 노력하는 의미로 사용되고 있는데, 그 어원이 바로 여기 인용된 이 구절이다. 여기서 '절'과 '차'는 뼈나 뿔을 가공할 때의 기법이고, '탁'과 '마'는 옥이나 돌을 가공할 때의 기법이다. 정교한 제품을 만들기 위해 재료를 자르고 문지르고 쪼고 갈 듯이 노력하여 소양을 쌓는 것을 비유한 것이다. 다만, 여기서『시경』을 해설한 대목은 중국 최초의 사전이라고 할 수 있는『이아(爾雅)』의 「석훈(釋訓)」에 전문이 수록되어 있는데『대학』과『이아』의 저술 연대가 분명치 않기 때문에 어느 책이 어느 책을 인용하였다고 단언하기 어렵다.

4

詩云
시 운

『詩』[58]에 이르기를,

於戱[59]라 前王不忘이라 하니,
오 호　　　전 왕 불 망

"오호라! 옛날의 임금님을
잊을 수 없도다!" 하였으니,

君子는 賢其賢而親其親하고,
군 자　　현 기 현 이 친 기 친

군자는 그분들의 훌륭함을 본받고,
그분들이 친애(親愛)한 사람을
친애하며,

小人은 樂其樂而利其利하나니,
소 인　　락 기 락 이 리 기 리

소인은 그분들이 베푸신 즐거움을
즐기고, 그분들이 이롭게 해주신
혜택을 누리니,

此以沒世不忘也니라.
차 이 몰 세 불 망 야

이 때문에 세상을 떠나셨지만
잊지 못하는 것이다.

　옛날의 임금님은 주나라의 문왕과 무왕을 가리킨다. 두 임금은 모두 명명덕과 신민을 실천한 모범적인 군주로 추앙되는 인물들이다. 이 단락은 그들을 잊지 못하는 후세인들의 시를 인용하여 그들이 덕화(德化)를 펼쳐 지선(至善)의 경지까지 백성을 새롭게 하였음을 말한 것이다. 주희에 따르면 여기의 군자는 후세의 현자와 임금들을 말하는데, 후세의 현자들은

---

58 『시』: 『시경』의 「주송(周頌)·열문(烈文)」편이다.
59 오호(於戱): '於戱'는 '嗚呼'의 가차자이다.

문왕과 무왕의 훌륭함을 훌륭하게 여겨 본받고〔현기현(賢其賢)〕, 문왕과 무왕의 후손인 후세의 임금들은 그들이 선조를 높이고 자손을 사랑한 것처럼 자신들도 선조를 높이고 자손을 사랑하였음〔친기친(親其親)〕을 말한다. 여기서의 '친(親)'은 원래 부친·모친·친척이라는 단어에서 이해할 수 있듯이 혈연으로 맺어진 관계를 의미한다.

 소인은 후세의 백성들을 말하는데 두 임금의 어진 정치로 인해 민심이 순후해지고 백성들이 올바르게 되어 즐거운 삶을 살 수 있게 되었으며, 동시에 그들이 마련한 문물과 제도의 혜택을 누릴 수 있게 되었다. 결론적으로 이 단락은 문왕과 무왕은 신민(新民)을 지어지선(止於至善)에 이르도록 하여 후세인들에게 무궁한 영향을 끼치게 되었음을 말하고 있다.

제4장 본말(本末)

1

子曰
자 왈

공자께서 말씀하셨다.

聽訟이 吾猶人也나,
청 송   오 유 인 야

"소송을 심리하는 것은 나도
다른 사람과 같다.

必也使無訟乎인저 하시니,
필 야 사 무 송 호

〔그러나 나는〕 반드시 소송을
일으키지 않도록 하리라!"

無情[60]者가
무 정   자

진실이 없는 사람이

不得盡其辭는
부 득 진 기 사

〔거짓된〕 말을 〔함부로〕
다 할 수 없는 것은

大畏民志니,
대 외 민 지

백성들의 마음을 〔감복시켜〕
몹시 경외하도록 하였기 때문이다.

此謂知本[61]이니라.
차 위 지 본

이것을 근본을 안다고 하는 것이다.

---

60 정(情) : 실상·실정(實情)·진정의 의미이다.
61 차위지본(此謂知本) : 주희는 정자의 견해에 따라 잘못 삽입된 문장〔연문(衍文)〕이라고 보았다. 그러나 주희가 순서를 개편한 결과로 인해 '차위시본(此謂知木)'이라는 문구가 중첩된 것이며, 원래는 후박(厚薄)을 이야기한 단락 바로 아래에 "차위지지야(此謂知

공자의 이 말은 『논어(論語)』의 「안연(顔淵)」편에도 실려 있다. 공자는 "몇 마디 이야기만 듣고도 옥사를 판결할 수 있는 사람은 자로(子路)로다!"라고 한 뒤, 이 말을 하였다. 소송이 일어나면 현명한 재판관이 실상을 파악하여 정의로운 판결을 내려야 한다. 공자는 자신도 다른 사람처럼 그렇게 할 수 있지만, 여기서 진일보하여 소송이 일어나지 않는 사회를 만들 수 있다고 하였다. 『대학』의 논리대로 해설하자면 자신의 명명덕을 바탕으로 신민을 지어지선의 경지에까지 끌어올림으로써 백성들 사이에 아예 재판을 해야 할 일이 발생하지 않도록 할 수 있다는 말이다. 덕화(德化)를 입은 백성들이 감히 거짓을 가지고 소송을 일으킬 리가 없는 것이다. 그러므로 소송을 잘 심리하는 것은 말단의 일이고 소송이 발생하지 않도록 하는 것이 근본이 된다.

주희는 이 한 단락을 가지고 본말(本末)을 해석한 장(章)이라고 하고, "이 문장을 살펴보면 본말의 선후를 알 수 있다" 하였다. 그러나 경문에서 언급한 본말에 대한 해설로 보기에는 어딘지 어색하다.

之至也)"와 함께 있어 "후하게 하여야 할 것에 박하게 하고서 박하게 할 곳에 후하게 하는 사람은 있지 않으니 이것을 일러 근본을 안다고 하는 것이며, 이것을 일러 앎의 지극함이라고 한다"라고 무리 없이 해석할 수 있는 구절이다. 특히 주희는 "차위지지지야(此謂知之至也)"를 격물치지를 설명한 장으로 간주하여 독립시켰기 때문에 어쩔 수 없이 이 부분을 연문으로 처리할 수밖에 없었을 것이다. 결론적으로 주희가 일정한 체계를 세워 개편하는 과정에서 연문이 되어버린 것일 뿐 실제는 연문이 아닐 가능성이 크다.

제5장 격물치지(格物致知)[62]

1

〔所謂
　소 위

致知
치 지

在格物者는
재 격 물 자

言欲致吾之知인댄
언 욕 치 오 지 지

在卽物而窮其理也라.
재 즉 물 이 궁 기 리 야

蓋人心之靈이
개 인 심 지 령

莫不有知요,
막 불 유 지

〔이른바,

앎을 철저하게 하는 것이

사물의 이치를 확실하게 밝히는 일에 있다는 것은,

나의 앎을 철저하게 하고자 한다면

사물에 나아가 그 이치를 남김없이 밝히라는 것이다.

대체로 사람 마음의 영묘(靈妙)함은

앎이 없음이 없고,

---

[62] 주희는 이 단락이 격물치지를 이야기한 부분인데 "차위지지지야(此謂知之至也)"의 한 구절만 남고 나머지는 없어져 버렸다고 생각하고 스스로 128자의 글을 지어 보완하였다. 그러나 주희가 보완한 글은 내용과 문체가 모두 그가 실았던 송대(宋代)의 것일 뿐 『대학』의 원문일 가능성은 전혀 없다. 여기서는 편의상 주희의 글을 〔 〕에 넣어 보완한다

而天下之物이   천하의 사물은
이 천 하 지 물

莫不有理언마는   이치가 없음이 없지만
막 불 유 리

惟於理에   오직 이치를
유 어 리

有未窮故로   확실하게 밝히지 않기 때문에
유 미 궁 고

其知가 有不盡也니,   그 앎이 미진한 것이다.
기 지   유 부 진 야

是以로 大學始敎에   그러므로 태학에서 처음 가르칠 때,
시 이   태 학 시 교

必使學者로   반드시 배우는 자들에게
필 사 학 자

卽凡天下之物하여   모든 천하의 사물에 나아가
즉 범 천 하 지 물

莫不因其已知之理而益窮之하여   이미 알고 있는 이치를 바탕으로
막 불 인 기 이 지 지 리 이 익 궁 지   더욱 추구하여

以求至乎其極하나니,   그 궁극에 도달하도록 하였다.
이 구 지 호 기 극

至於用力之久하여   힘쓰기를 오래하여
지 어 용 력 지 구

而一旦에 豁然貫通焉이면   어느 순간〔사물의 이치를〕
이 일 단   활 연 관 통 언   관통하게 되면

| 則衆物之表裏精粗가
즉 중 물 지 표 리 정 조 | 모든 사물의 안과 밖·정밀하고 거친 것이 |

| 無不到하고,
무 부 도 | 〔모두 나에게〕 다가오지 않음이 없고, |

| 而吾心之全體大用이
이 오 심 지 전 체 대 용 | 내 마음의 온전한 본체와 큰 쓰임[63]이 |

| 無不明矣리니,
무 불 명 의 | 밝아지지 않음이 없다. |

| 此謂物格이며〕
차 위 물 격 | 이런 상태를 사물의 이치가 확실하게 밝아졌다고 하고〕 |

| 此謂知之至也니라.
차 위 지 지 지 야 | 이것을 앎의 지극함이라고 한다. |

 공자와 맹자의 원시유학은 공동체 사회를 조화롭게 영위할 수 있는 도덕적 실천을 중시하였다. 형이상학적인 천도(天道)나 심성(心性)의 문제는 깊이 있게 다루지 않았다. 그러나 주희의 성리학은 도덕적 실천을 해야만 하는 이유에 주목한다. 인간에게는 어떠한 도덕적 인자(因子)가 있

---

63 온전한 본체와 큰 쓰임 : 주희는 마음을 '허령지각(虛靈知覺)'이라고 정의하였다. 허령은 마음의 본체를 가리킨 말이고 지각은 마음의 쓰임, 즉 활용을 말한다. 허령은 텅 비어 실체가 없지만 영묘하여 만사에 응할 수 있다는 말이며, 지각은 감각적 지각 능력과 리(理)의 인식 기능을 포함하는 말이다. 그 허령한 본체를 온전히 하고 지각의 기능을 극대화한다는 말이다.

기에 도덕적 실천을 해야 하며, 나와 남·인간과 자연 등 유기적으로 구성되어 있는 존재들의 실상이 무엇이며, 이들과의 관계 속에서 어떻게 행위하는 것이 도덕적 실천인가 등등의 문제에 관심이 많았다. 성리학은 이러한 존재와 관계의 본질을 리(理)라고 규정하고 사사물물(事事物物)의 리를 규명하는 것〔궁리(窮理)〕을 선비됨의 출발점으로 보았다. 그러므로 성리학은 우주 안의 모든 원리들을 철저하게 알 것을 주장한다. 알아야 실천할 수 있기 때문이다. 알기 위해서는 대상에 대한 깊은 연구가 있어야 한다. 이 대상에 대한 깊은 연구를 주희는 격물(格物)이라고 하고, 격물을 통해 나의 앎이 철저해지는 것을 치지(致知)라고 하였다. 성리학의 이러한 철학적 경향이 이전의 유학과는 다르기 때문에 현대에 와서 성리학을 새로운 유학〔신유학(新儒學)〕이라고 하는 것이다.

주희는 신유학의 체계를 정리한 뒤, 고대의 전적 가운데『예기』의「대학」편이 성리학의 교과서로서 가장 적절한 문헌이라고 생각하였다. 그러나 원래「대학」은 원시유학의 유산이다. 성리학의 이러한 주지적(主知的) 경향을 반영하는 책이 아니다.『예기』의「대학」편은 성의(誠意)를 선비됨의 출발점으로 삼는다. 진실한 뜻과 올바른 마음으로 자신을 가다듬은 뒤 백성의 모범이 되어 백성들을 도덕적 실천으로 이끄는 것이 지도자의 길이라는 것이다. 남을 다스리기 위해서는 스스로 먼저 도덕적 인간이 되라는 실천을 강조할 뿐, '리를 규명하고, 앎을 확충하라' 따위의 주장은 애초에 없었던 것이다.『예기』「대학」편에서 이야기하는 격물과 치지는 원래 주희가 의도한 그런 뜻이 아니었을 것이다. 자세히 해설해야 할 중요한 항목이 아니었던 것이다. 그래서 다른 개념들에 대한 해설과 같은 별도의 해설이 없었다. 주희의 입장에서 보면 자신이 교과서로 선정한 책에 자신이 가장 중시하는 내용이 없었던 것이다. 그래서 주희는 책을 바꾸어 놓는다. 원래부터 없었던 격물과 치지에 대한 항목을 자신의 입맛대로 만들어 넣었다. "정자(程子)의 뜻을 취하였다"는 겸손한 말과 함께.

주희의 이러한 행위는 문헌학적으로는 분명한 오류다. 그러나 문헌학적 오류를 통하여 『대학』은 새로운 생명력을 가지게 되었다. 주희 이후 중국을 비롯한 동아시아 한자문화권의 나라들은 성리학을 새로운 패러다임으로 받아들이고, 『대학』을 읽고 또 읽으며 '리를 규명하고, 앎을 확충하는 일'에 정력을 쏟았다. 주희가 문헌학적 오류를 저지르지 않았다면 있을 수 없는 일이다. 그러므로 우리는 사상사에 한 획을 그은 주희의 오류를 인정할 수밖에 없다.

제6장 성의(誠意)

1
所謂誠其意者는
소 위 성 기 의 자

毋自欺也니,
무 자 기 야

如惡惡臭하며,
여 오 악 취

如好好色이,
여 호 호 색

此之謂自謙⁶⁴이니,
차 지 위 자 겸

故로 君子는
고   군 자

必愼其獨也니라.
필 신 기 독 야

자신의 뜻을 진실하게 한다는 말은

스스로를 속이지 말라는 것이다.

[악을 싫어하기를] 마치 악취를
싫어하듯 하며,

[선을 좋아하기를] 마치 미인을
좋아하듯 하는 것,

이것을 스스로 흡족하다고 한다.

그러므로 군자는

반드시 나만이 아는 마음의
움직임을 조심한다.

---

64 겸(謙) : 겸(慊)의 가차자이니 뜻에 맞아 흡족한 것이다. '스스로 흡족하다[自謙]'는 것
은 선을 좋아하고 악을 싫어하는 것이 위선의 마음이 아니라 진실한 마음에서 우러나와
마음에 걸림이 없어야 함을 말한 것이다.

사람들이 선(善)을 행하고자 뜻을 내기는 쉽다. 그리고 실제로 그 뜻을 실천하여 선을 행하기도 한다. 그러나 그것이 본래의 진실한 뜻이었는가는 별개의 문제이다. 남들의 이목 때문에, 혹은 자신의 양심에 비추어 선행을 하였지만 나에게 이로운 일이 아니기 때문에 생각〔의(意)〕에 만족스럽지 않을 수도 있다. 이것은 진실이 아니며 성의(誠意)가 아니며 자신을 속이는 일〔자기(自欺)〕이다. 이 미묘한 부분을 남들은 모른다. 나만이 알 수 있는 생각이다. 그러므로 『대학』의 저자는 선을 행하는 것도 아름다운 일이지만 더욱 중요한 것은 선을 갈구하는 진실한 생각으로 선을 행하는 것이라고 강조한다. 사람이 악취를 싫어하고 아름다운 것을 좋아하는 것은 억지로 하고자 하여 그러한 것이 아니라 저절로 그러한 천성이다. 선행도 그러해야 한다. 마음에서 우러난 자연스러운 뜻으로 선을 행하여야 스스로 만족할〔자겸(自謙)〕 수 있다.

신독(愼獨)의 의미에 대하여, 흔히들 남들이 보지 않을 때, 나만이 혼자 있을 때도 도덕적 실천을 하라는 의미로 이해하는 경우가 많다. 그러나 유학에서 이야기하는 신독의 개념은 이보다 더 깊이 나아가 있다. '독(獨)'은 '혼자'라는 뜻이 아니라 남들이 모르는 나만이 아는 마음의 움직임이다. 타인과 함께 있을 때, 타인과 대화를 하면서도 나의 말과 나의 뜻이 다를 수 있다. 정의로운 말을 하면서 내심으로는 이해(利害)를 따지기도 한다. 유학이 지향하는 도덕적 엄밀성은 이 부분에서 자신을 바로잡기를 권유한다. 나의 입에서 나오는 정의가 진실한 나의 뜻이기를 요구한다. 이것이 바로 신독이다. 그러므로 무자기(毋自欺)·신기독(愼其獨)은 수기(修己)의 핵심이며, 그러므로 『예기』의 「대학」편은 성의를 선비됨의 출발점으로 삼았던 것이다.

2

小人이 閒居에
소인 한거

소인은 한가롭게 〔혼자〕 있을 때

爲不善하되
위 불 선

바르지 못한 일을 하기를

無所不至하다가,
무 소 부 지

〔마치〕 못할 짓이 없는 것처럼 굴다가,

見君子而后에
견 군 자 이 후

군자를 보고 나면

厭[65]然揜其不善하고
암 연 엄 기 불 선

계면쩍어하며 그 바르지 못한 것을 숨기고

而著其善하나니,
이 저 기 선

그 바른 것을 드러내 보인다.

人之視己가
인 지 시 기

사람〔군자〕이 나를 보는 것이

如見其肺肝然이니
여 견 기 폐 간 연

마치 나의 폐부를 〔꿰뚫어〕 보듯이 하니

則何益矣리오!
즉 하 익 의

무슨 유익함이 있으랴!

---

65 암(厭) : '싫다'는 의미의 '염'으로 많이 읽히지만, 여기서는 '계면쩍어한다'는 의미의 '암'으로 읽어야 한다.

此謂 차 위	이것을,
誠於中이면 성 어 중	내면이 진실하면
形於外니, 형 어 외	밖으로 드러난다고 하니,
故로 君子는 고 군자	그러므로 군자는
必愼其獨也니라. 필 신 기 독 야	반드시 나만이 아는 마음자리를 조심하는 것이다.

　소인들의 처신을 실례로 들면서 신독을 다시 강조하였다. 많은 사람들은 남들이 보지 않을 때의 행동과 남들이 볼 때의 행동이 다르다. 그러나 눈 밝은 군자는 그가 보여주는 행동이 그의 진면목이 아님을 안다. 진실은 숨길 수 없기 때문이다. 『대학』의 저자는 신독을 통하여 내면에 진실이 충만하게 되면 저절로 진실한 행동이 나온다고 말한다. 그러므로 '뜻을 진실하게 하여야' 하는 것이다.

　많은 사람들이 '혼자 있을 때 방종하지 않는 것'이 신독의 의미라고 오해한 것이 이 문장 때문인지도 모르겠다.

3

曾子曰 증 자 왈	증자가 말씀하셨다.

十目所視며
십목소시

十手所指니,
십수소지

其嚴乎인저!
기엄호

"열 눈이 보는 바이며

열 손이 손가락질하는 바이니,

참으로 두렵구나!"

증자는 이름이 삼(參)인데 공자의 막내 제자쯤 된다. 공자가 제자들을 평하면서 "삼이는 둔하다〔삼야로(參也魯)〕"라고 하였으니 그리 총명하지는 않았던 듯하다. 그러나 여러 기록에 전하는 그의 노력과 덕행, 특히 효행에 대한 많은 일화들을 보면 몹시 성실한 인물이었던 듯하다. 잘 알려진 일일삼성(一日三省)도 『논어』에 전하는 증자의 일화이다. 위의 문장에는 이러한 증자의 자기 성찰에 대한 부단한 노력이 드러나 있다. 성의(誠意)가 전제되지 않은 거짓된 행위는 숨길 수 없다는 것이다. 진실하지 않은 행위는 결국 사람들의 눈을 피할 수 없고 손가락질받게 된다. 증자는 이것이 두려운 것처럼 말하였지만 증자의 본의는 결국 자신을 속이지 않기 위해 성의(誠意) 하라는 뜻일 것이다.

4

富潤屋이오,
부윤옥

德潤身이라,
덕윤신

心廣體胖하나니,
심광체반

넉넉함은 집안을 윤택하게 하고,

덕은 몸을 윤택하게 하니,

〔덕이 있으면〕 마음이 넓어지고
몸이 편안하다.

故로 君子는　　　　　　　그러므로 군자는
고　군자

必誠其意니라.　　　　　　반드시 자신의 뜻을 진실하게 한다.
필 성 기 의

　성의를 통해서 내면에 덕이 충만하게 되면 마음이 저절로 여유로워지고 몸은 저절로 윤택해진다. 스스로를 속이지 않아〔무자기(毋自欺)〕 스스로 만족스럽기〔자겸(自謙)〕 때문이다. '심광체반(心廣體胖)'은 성의의 증거이자 효과이다.

제7장 정심수신(正心修身)

1

所謂
소위

이른바,

脩身이
수신

몸을 가다듬는 것이

在正其心者는
재정기심자

자신의 마음을 바르게 하는 일에
있다는 것은

身⁶⁶有所忿懥
신 유소분치

마음에 노여운 것이 있으면

則不得其正하고,
즉부득기정

그 바름을 얻지 못하고,

有所恐懼
유소공구

두려운 것이 있으면

則不得其正하고,
즉부득기정

그 바름을 얻지 못하고,

有所好樂
유소호요

좋아하는 것이 있으면

則不得其正하고,
즉부득기정

그 바름을 얻지 못하고,

---

66 신(身) : 주희는 정자의 견해에 따라 '심(心)'의 오자로 보았다.

有所憂患
유소우환

걱정스러운 것이 있으면

則不得其正이니라.
즉 부 득 기 정

그 바름을 얻지 못한다는 것이다.

　뜻을 진실하게 하는 공부가 되었으면, 이제 뜻의 뿌리인 마음을 바르게 하는 공부를 하여야 한다. 몸을 바르게 닦기 위해서는 몸의 주인인 마음이 먼저 바르게 되어야 하기 때문이다. 송대의 성리학자들은 마음이 움직이지 않고 있는 상태를 '성(性)'이라고 하고, 자극해 오는 사물에 반응하여 마음이 움직이는 것을 '정(情)'이라고 하였다. 이 단락에서 이야기하고 있는 노여움·두려움·좋아함·걱정은 모두 정, 즉 감정이다. 이 '정'은 긍정적일 수도 있고, 부정적일 수도 있다. 예컨대, 불의에 대한 노여움이나 정의에 대한 애호 등의 감정은 긍정적이지만 제대로 조절이 되지 않는 감정은 부정적인 것이다. 주희를 비롯한 그 후학들은 이 단락에서 이야기한 '정'은 바로 이 부정적인 감정이라고 보았다. 왜 부정적인가? 그들은 '유소(有所)' 두 글자에 주목한다. 노엽고 두려운 것이 아니라, 노여운 바가 있고 두려운 바가 있다는 것이다. 노여운 것이 있다는 것은, 쉽게 말하면 무엇인가의 이유로 이미 화가 나 있다는 것이다. 노여워해야 할 일이 있어 노여웠다면 그 일이 사라지고 나면 노여움도 사라져야 하는데, 그 일이 사라졌음에도 아직 노기가 가시지 않은 것이다. 이러한 때, 즉 노여운 것이 있을 때 기뻐해야 할 일이 생겨도 앞의 노여움 때문에 제대로 기뻐할 수 없다. 그러므로 감정이 평형을 잃게 되고 평형을 잃은 감정은 부정적인 것이며, 올바른 마음을 해치는 감정인 것이다.

　이 단락을 잘못 이해하면 인간의 감정 그 자체를 부정한 것으로 볼 수 있다. 그러나 인간은 감정을 드러내지 않고 살 수는 없다. 정당한 감정을 표현할 때 정의가 구현될 수 있는 것이다. 그러므로 성리학자들은 이 단락이 평형을 잃은 감정의 발현에 대한 경계를 말한 것이라고 본다. 주희는 이 문장의 주에서, 성(性)이 마음의 체(體)라면 정(情)은 "마음의 용(用)으로서 사람에게 없을 수 없는 것이지만 이것이 생겨나는 순간 자세히 살피지 못하면, 욕심이 움직이고 정이 치우쳐서 혹 그 올바름을 잃을 수 있다"고 하였다. 정 자체를 부정한 것이 아니라 정이 발현될 때 평형을 잃고 격해지면 잘못될 수 있다는 것이다. 주희의 이 말은, 감정이 발현하면 잘못될 가능성이 많으니 차라리 감정이 일어나지 않도록 하라는 말로도 들린다. 그래서 조선의 선비들은 감정을 드러내지 않으려고 노력하였던가? 목석(木石)처럼.

2

心不在焉이면   마음이 있지 않으면
심 부 재 언

視而不見하며,   보아도 보지 못하며,
시 이 불 견

聽而不聞하며,   들어도 듣지 못하며,
청 이 불 문

食而不知其味니라.   먹어도 그 맛을 알지 못하는 것이다.
식 이 부 지 기 미

此謂   이것이,
차 위

脩身이   몸을 가다듬는 것이
수 신

在正其心이니라.   자신의 마음을 바르게 하는 일에 있다는 것이다.
재 정 기 심

주희를 비롯한 성리학자들은 이 문장을 위의 문장과 무관한 것으로 보았다. 몸의 주인인 마음이 없어지면 몸을 바로잡을 수가 없기 때문에 경(敬)으로써 마음을 바로잡아 몸을 바르게 닦으라는 뜻으로 보았다. 수신(修身)을 설명한 문장으로 본 것이다. 논리가 어딘지 모르게 부자연스럽다. 마음이 없으면 몸이 닦이지 않는다고 할 것이지, 왜 하필 보아도 보이지 않고 들어도 들리지 않는다고 하였는가? 보아도 보이지 않는 것이 수신이 되지 않은 증거인가?

이 문장은 위의 문장을 받아서 평형을 잃은 감정의 발현을 경계한 단락으로 보는 것이 좋을 것이다. 『중용』은 감정이 발현되어 절도에 맞는 것을 화(和)라고 하였다. '화'한 감정은 발현될수록 좋은 것이지만 '화'를 벗어난, 다시 말해서 평형을 잃고 어느 한쪽으로 치우친 감정은 그 감정이 생겨나게 한 마음조차 잃어버리게 한다. 마음이 없으니 보아도 보이지 않고, 들어도 들리지 않으며, 먹어도 맛을 모르는 것이다. 우리는 일상에서 이런 경험을 많이 하였다. 누군가와 마주 앉아 있더라도 나의 감정이 어느 한 지점에 머물러 있으면 상대방의 말이 귀에 들어오지 않는다. 마음이 상대방의 말에 가 있지 않기 때문이다. 평형을 잃은 감정 때문에 마음을 잃어버린 것이다.

이 장에서는 마음 바로잡는 이야기를 하면서 감정의 절제를 말하였다. 옛날 사람들도 감정 조절이 어려웠던 모양이다.

제8장 수신제가(修身齊家)

1

所謂
_{소 위}

이른바,

齊其家가
_{제 기 가}

자신의 집안을 바로잡는 것이

在脩其身者는
_{재 수 기 신 자}

자신의 몸을 가다듬는 일에
있다는 것은,

人이
_인

사람이란

之⁶⁷其所親愛而辟⁶⁸焉하며,
_{지 기 소 친 애 이 벽 언}

친애하는 사람에게
공평하지 못하고,

之其所賤惡而辟焉하며,
_{지 기 소 천 오 이 벽 언}

천박하고 미운 사람에게
공평하지 못하고,

之其所畏敬而辟焉하며,
_{지 기 소 외 경 이 벽 언}

두렵고 공경하는 사람에게
공평하지 못하고,

---

67 지(之) : '어(於)'의 뜻으로 사용되었다. '~에'라는 뜻이다.
68 벽(辟) : 이 글자는 여러 글자의 가차자로 쓰이는데 여기서는 벽(僻)의 가차자로 쓰여,
'치우치다 · 편벽되다 · 공평하지 못하다'는 뜻이다.

之其所哀矜而辟焉하며,
지 기 소 애 긍 이 벽 언

가엾고 불쌍한 사람에게
공평하지 못하고,

之其所敖惰而辟焉하나니,
지 기 소 오 타 이 벽 언

거만하고 게으른 사람에게
공평하지 못하다는 것이다.

故로 好而知其惡하며,
고   호 이 지 기 악

그러므로 좋아하지만 그의
단점을 알고,

惡而知其美者가
오 이 지 기 미 자

미워하지만 그의 장점을
아는 사람이

天下에 鮮矣니라.
천 하   선 의

세상에 드문 것이다.

故로 諺에 有之하니 曰
고   언   유 지   왈

그러므로 속담에도 이런 말이 있다.

人이 莫知其子之惡하며,
인   막 지 기 자 지 악

"사람이란 제 자식 악한 줄 모르고,

莫知其苗之碩이라 하니라.
막 지 기 묘 지 석

제 곡식 싹 큰 줄 모른다."

此謂
차 위

이것이,

身不脩면
신 불 수

몸이 가다듬어지지 않으면

不可以齊其家니라.
불 가 이 제 기 가

자신의 집안을 바로잡을 수 없다고
하는 것이다.

7장은 감정의 치우침으로 인해 마음을 바르게 하지 못함을 경계한 글이었다면, 8장은 처신의 치우침으로 인해 몸을 가다듬지 못함을 경계한 글이라고 할 수 있을 것이다. 사람에게는 누구에게나 장점과 단점이 있다. 내 자식이 아무리 훌륭하더라도 단점이 있게 마련이지만 친애하는 감정에 가려 그 단점을 바로잡아 주지 못하는 것이 부모의 마음이다. 나의 스승이나 부모가 단점이 있다 하더라도 두렵고 공경하는 마음 때문에 그 단점이 보이지 않는다. 애달피 호소하는 사람을 보면 가엾고 불쌍한 마음 때문에 잘못된 판단을 할 수 있고, 신분이 미천하고 천박한 사람이나 미운 사람이나 거만하고 게으른 사람이라 하더라도 장점이 있을 수 있지만 나의 선입견으로 인해 그 장점을 보지 못한다. 이것이 모두 처신함에 있어 공평함을 잃은 것이다.

성의와 정심의 단계를 거쳐, 수신이 제대로 되어 나의 덕이 밝아졌다면 이러한 오류를 면할 수 있을 것이다. 그러나 우리 대부분의 평범한 사람들은, 미운 사람은 하는 짓마다 밉고 고운 사람은 하는 짓마다 곱다고 여기며 산다. 제 자식은 곱기만 하고, 내 농사 잘 된 줄은 모르고 남의 농사 잘 되면 배 아파하면서 그렇게 살아간다. 그래서 편벽되지 않은 공평한 사람이 세상에 드물다고 한 것이다.

제9장 제가치국(齊家治國)

1

所謂
소위

이른바,

治國이
치국

나라를 바르게 다스리려면

必先齊其家者는
필선제기가자

반드시 먼저 자신의 집안을
바로잡아야 한다는 것은

其家를 不可敎요
기가   불가교

자신의 집안을 교화시키지 못하면서

而能敎人者가 無之하니,
이능교인자   무지

남을 교화시킬 수 있는 사람은
없다는 것이다.

故로 君子는
고   군자

그러므로 군자는

不出家而成敎於國하나니,
불출가이성교어국

집을 나서지 않고도 나라에
교화를 이룰 수 있다.

孝者는
효자

[부모를 섬기는 도리인] 효는

所以事君也요,
소이사군야

임금을 섬기는 도리가 되고,

弟者는 _{제 자}	〔형을 섬기는 도리인〕 공경(恭敬)은
所以事長也요, _{소 이 사 장 야}	어른을 섬기는 도리가 되고,
慈者는 _{자 자}	〔자식을 사랑하는 도리인〕 자애는
所以使衆也니라. _{소 이 사 중 야}	뭇 백성을 부리는 도리가 되는 것이다.

 이 문장은 경문에서 해설한 바와 같이 수기(修己)하고 난 뒤 치인(治人)하라는 말이다. 나의 수기가 이루어지고 나면 제가와 치국이 다른 일이 아니다. 집안에서 실천하는 효(孝)가 나라에서는 충(忠)이 되고, 집안에서 실천하는 제(弟·悌)가 나라에서는 공경(恭敬)이 되는 것이다. 그러므로 수기가 이루어지고 난 뒤에 벼슬을 할 상황이 주어지면 국사를 돌보고, 물러날 상황이 되면 돌아와 집안을 다스리면 되는 것이다. 다만 집안이 잘 다스려지지 않는 것은 나의 수기가 부족하기 때문이니 나라는 더욱 다스릴 수 없을 것이다. 수기가 중요함을 또 강조한 문장이다.

2

康誥에 曰 _{강 고 왈}	「강고」에 말하였다.
如保赤子라 하니, _{여 보 적 자}	〔백성 보살피기를〕 "마치 갓난아이 돌보듯 한다."

心誠求之면 _{심 성 구 지}	마음으로 정성껏 〔백성들이 원하는 바를 헤아려〕 찾으면
雖不中이나 _{수 부 중}	비록 〔백성들의 뜻에〕 적중하지는 않더라도
不遠矣니, _{불 원 의}	크게 차이가 나지는 않을 것이다.
未有學養子而后에 _{미 유 학 양 자 이 후}	자식 기르는 법을 배우고 나서
嫁者也니라. _{가 자 야}	시집가는 사람은 없기 때문이다.

경문의 주에서도 밝혔듯이 이 시대의 '가(家)'는 오늘날의 가정이 아니다. 제후의 신하가 제후로부터 봉함을 받은 영지가 '가'이다. 그러므로 '가'에도 백성이 있고, '국(國)'에도 백성이 있다. 이 단락은 가이든 국이든 위정자는 백성을 자식처럼 여기라는 말이다. 부모의 자식에 대한 사랑은 배워서 이루어지는 것이 아니다. 천성이다. 위정자는 그런 천성의 사랑을 백성들에게 쏟으라는 것이다. 그러고서도 다스려지지 않을 집안과 나라가 있겠는가!

3

一家가 仁이면 _{일 가　 인}	한 집안이 어질면

一國이 興仁하고,
일국 흥인
〔이에 감화되어〕 온 나라에 어진 기풍이 일어나고,

一家가 讓이면
일가 양
한 집안이 사양하면

一國이 興讓하고,
일국 흥양
온 나라에 사양하는 기풍이 일어나고,

一人이 貪戾하면
일인 탐려
〔임금〕 한 사람이 탐욕스럽고 〔도리를〕 어기면

一國이 作亂하나니
일국 작란
온 나라에 난리가 일어나게 된다.

其機如此하니,
기기여차
〔나라가 바르게 다스려지고 어지러워지는〕 동기가 이와 같으니

此謂
차위
이것을,

一言이 僨事며
일언 분사
한 마디 말이 일을 그르치고

一人이 定國이니라.
일인 정국
한 사람이 나라를 안정시킨다고 하는 것이다.

위정자의 수기(修己)를 강조한 문장이다. 집안〔가(家)〕의 위정자가 인애(仁愛)하고 사양하면 온 집안이 인애하고 사양하게 되고 나아가 온 나

라가 그 집안의 인애와 사양의 기풍을 배우게 된다. 반대로 위정자가 탐욕스럽고 도리를 모르면 집안과 나라가 모두 탐욕과 부정으로 난장판이 된다. 그러므로 위정자 한 사람의 수신이 집안과 나라 흥망의 관건이며 동기가 되는 것이다.

4

堯舜이 帥[69]天下以仁하신대
요순   솔   천하이인

요 임금·순 임금이 어진 덕으로 천하를 거느리시자

而民이 從之하고,
이민   종지

백성들이 〔그 어진 덕을〕 따랐고,

桀紂가 帥天下以暴한대
걸주   솔천하이포

걸·주가 포악함으로 천하를 거느리자

而民이 從之하니,
이민   종지

백성들이 〔그 포악함을〕 따랐으니,

其所令이 反其所好면
기소령   반기소호

명령을 〔군주〕 자신이 좋아하는 것과 반대로 하면

而民이 不從하나니
이민   부종

백성들이 따르지 않는 것이다.

---

[69] 솔(帥) : 명사로 사용되어 '군대의 우두머리나 통솔자'를 뜻할 때는 '수'로 읽고, '거느리다'는 의미의 동사로 사용될 때는 '솔'로 읽는다.

是故로 君子는
시고   군자

그러므로 군자는

有諸[70]己而后에
유 저 기 이 후

자기에게 〔올바름이〕 있고 난 뒤에

求諸人하며
구 저 인

남에게 〔올바름을〕 요구하고

無諸己而后에
무 저 기 이 후

자기에게 〔잘못이〕 없고 난 뒤에

非諸人하나니,
비 저 인

남의 〔잘못을〕 나무라는 것이다.

所藏乎身이
소 장 호 신

제 몸에 간직한 것이

不恕요
불 서

나를 미루어 남을 헤아리는
마음이 아니면서

而能喩諸人者
이 능 유 저 인 자

남을 깨우칠 수 있는 사람은

未之有也니라.
미 지 유 야

있지 않다.

故로 治國이
고   치국

그러므로 나라를 바르게
다스리는 것이

---

70 저(諸) : '모두'라는 뜻으로 사용될 때는 '제'로 읽고, 어조사로 사용될 때는 '저'라고 읽는데 이 경우에는 '지어(之於)'의 합성어로서 '~에게 ~하다'라는 뜻으로 해석된다.

在齊其家니라.
재 제 기 가

자신의 집안을 바로잡는 일에 있다.

    역시 위정자의 수기(修己)를 강조한 문장이다. 군주는 백성의 거울이다. 요순의 인덕(仁德)을 보고 백성들은 그 어진 덕을 배우고, 걸주의 포악함을 보고 백성들도 포악해진다. 자신이 포악하면서 백성들의 도덕적 실천을 강요하는 명령을 내리더라도 백성들은 따르지 않는 것이다. 그러므로 군자는 자신이 먼저 수기하고 난 뒤에 타인을 수기하게 할 수 있고, 자신이 수기하고 난 뒤에 타인의 수기하지 못함을 꾸짖을 수 있는 것이다. 자신에게 '타인의 입장에 서서 생각해 보는 마음〔서(恕)〕', 그래서 내가 싫은 바를 남에게 강요하지 않는 마음이 없고서는 타인을 깨우칠 수 없으니 집안을 바로잡거나 나라를 바로 다스리는 일이 모두 나의 수기에 달려 있다.

5

詩云
시 운

『시』[71]에 이르기를,

桃之夭夭여,
도 지 요 요

"복사꽃 갓 피어 어여쁘고,

其葉蓁蓁이로다.
기 엽 진 진

그 잎은 무성하도다.

之子[72]于歸[73]여,
지 자 우 귀

이 아가씨 시집가서

---

[71] 『시』: 『시경』의 「주남(周南)·도요(桃夭)」편이다.

宜其家人이라 하니,
의 기 가 인

집안사람과 화목하리" 하였으니,

宜其家人而后에
의 기 가 인 이 후

집안사람과 화목한 뒤에

可以教國人이니라.
가 이 교 국 인

나라사람을 교화할 수 있는 것이다.

앞에서 수기(修己)를 통한 제가와 치국의 내용들을 설명한 뒤 『시경』을 인용하여 다시 강조하였다. 이 시는 결혼하는 신부를 축하하는 시인데, 이 시를 인용한 것은 "의기가인(宜其家人)"이라는 구절 때문이다. 주희는 여기의 '의(宜)'자에 대해 『시경』에서는 '화순(和順)', 즉 조화를 이루고 순종한다는 뜻으로 주를 달았고 『대학』에서는 '선(善)', 즉 시집사람들에게 잘한다는 뜻으로 주를 달았는데, 여기서는 시집사람들에게 잘 대하고 조화를 이루어 화목하다는 취지로 번역하였다. 원래 이 구절은 시댁의 새로운 구성원이 된 신부가 집안사람들과 잘 어울려 행복하게 살기를 기원한 것인데, 『대학』의 저자는 본래의 시의(詩意)를 다소 비약시켜 『대학』의 논리 속으로 끌어들였다. 단장취의라고 할 수 있을 것이다.

6

詩云
시 운

『시』[74]에 이르기를,

---

72 지자(之子) : '지'는 지시사로 '이'라는 뜻이고 '자'는 3인칭 대명사이다. 그러므로 '지자'는 이 사람이란 뜻인데 여기서는 시집가는 아가씨를 말한다.
73 귀(歸) : 고인들은 여자가 시집가는 것을 '귀'라고 하였다. 우(于)는 어조사인데, 『시경』의 이 구절에 근거하여 여자가 시집가는 것을 '우귀(于歸)'라고도 한다.

宜兄宜弟라 하니,
의 형 의 제

"형과도 화목하고 아우와도 화목하다" 하였으니,

宜兄宜弟而后에
의 형 의 제 이 후

형과도 화목하고 아우와도 화목한 뒤에

可以敎國人이니라.
가 이 교 국 인

나라사람을 교화할 수 있는 것이다.

이 시 역시 조회하러 온 제후에게 천자가 잔치를 열어 은혜를 베푼 시인데, 단장취의하여 집안이 바로 잡혀야 치국할 수 있음을 말하였다.

7

詩云
시 운

『시』75에 이르기를,

其儀不忒이라,
기 의 불 특

"그 범절 어그러짐 없어,

正是四國이라 하니,
정 시 사 국

사방의 나라들을 바로잡는다" 하였으니,

其爲父子兄弟가
기 위 부 자 형 제

자신의 아버지와 아들, 형과 아우들이

---

74 『시』: 『시경』의 「소아(小雅)・육소(蓼蕭)」편이다.
75 『시』: 『시경』의 「조풍(曹風)・시구(鳲鳩)」편이다.

足法而后에
족 법 이 후

본받을 만한 뒤에라야,

民이 法之也니라.
민   법 지 야

백성들이 본받게 되는 것이다.

此謂
차 위

이것이,

治國이
치 국

나라를 바르게 다스리는 것이

在齊其家니라.
재 제 기 가

자신의 집안을 바로잡는 일에 있다는 것이다.

   이 시는 군자의 위의(威儀)가 훌륭함을 찬미한 것이다. 수기를 통해 위의가 저절로 갖추어지면 사방의 나라들이 그를 흠모하여 바르게 된다. 그러나 사방의 나라가 바르게 되기 위해서는 부자형제의 집안사람들이 먼저 그를 흠모하고 본받도록 하여야 한다. 제가가 되어야 치국이 된다는 말이다. 물론 수기가 되지 않으면 제가도 될 수 없다.

제10장 치국평천하(治國平天下)

1

所謂
소위

이른바,

平天下가
평천하

온 세상을 올바르게 하는 것이

在治其國者는
재치기국자

자신의 나라를 바르게 다스리는
일에 있다는 것은,

上이 老老
상 로로

윗사람이 노인을 노인으로 섬기면

而民이 興孝하며,
이민 흥효

백성들 사이에 효의 기풍이
일어나고,

上이 長長
상 장장

윗사람이 어른을 어른으로 섬기면

而民이 興弟하며,
이민 흥제

백성들 사이에 공경(恭敬)의
기풍이 일어나며,

上이 恤孤
상 휼고

윗사람이 불우한 사람들을
잘 보살피면

而民이 不倍[76]하나니,
이 민   불 배

백성들이 배반하지
않는다는 것이다.

是以로
시 이

그러므로

君子有絜矩[77]之道也니라.
군 자 유 혈 구   지 도 야

군자에게는 〔나의 호오(好惡)의〕
잣대로 〔남을〕 헤아리는
도리가 있다.

所惡於上으로
소 오 어 상

윗사람에게 싫었던 것으로

毋以使下하며,
무 이 사 하

아랫사람을 부리지 말 것이며,

所惡於下로
소 오 어 하

아랫사람에게 싫었던 것으로

毋以事上하며,
무 이 사 상

윗사람을 섬기지 말 것이며,

所惡於前으로
소 오 어 전

앞사람에게 싫었던 것을

---

76 배(倍) : '배(背)'와 같은 뜻으로 '배반하다·저버리다'의 의미이다.

77 혈구(絜矩) : 여러 주석가들의 다양한 견해가 있었으나 주희는 '혈'을 탁(度)의 의미로 보고 '헤아리다·재다'는 뜻으로 해석하였다. '구'는 원래 방형(方形)을 그리는 자인 곡척(曲尺)을 의미하는 글자였으나, 뜻이 확대되어 사물의 기준이나 법칙을 의미하게 되었다. 그러므로 '혈구'는 자를 가지고 잰다거나 어떤 기준을 가지고 헤아린다는 뜻이 된다. 주희는 '혈구'를 '서(恕)'와 비슷한 개념으로 보아 자신의 호오(好惡)를 척도로 하여 남을 헤아리는 것으로 해설하였다.

毋以先後하며, _{무 이 선 후}	뒷사람에게 내세우지 말 것이며,
所惡於後로 _{소 오 어 후}	뒷사람에게 싫었던 것으로
毋以從前하며, _{무 이 종 전}	앞사람을 따르지 말 것이며,
所惡於右로 _{소 오 어 우}	오른쪽 사람에게 싫었던 것으로
毋以交於左하며, _{무 이 교 어 좌}	왼쪽 사람을 사귀지 말 것이며,
所惡於左로 _{소 오 어 좌}	왼쪽 사람에게 싫었던 것으로
毋以交於右가, _{무 이 교 어 우}	오른쪽 사람을 사귀지 말 것이니,
此之謂絜矩之道니라. _{차 지 위 혈 구 지 도}	이것을 잣대로 헤아리는 도리라고 한다.

    치국과 평천하를 이야기하는 전의 마지막 장, 첫 단락에서 혈구지도(絜矩之道)를 이야기하였다. 『대학』의 저자는 아마 치인(治人)의 가장 중요한 원칙을 '혈구'라고 생각한 듯하다. 혈구는 나의 호오(好惡)에 비추어 남을 대하는 것으로 공자의 서(恕)와 비슷하다. 나라나 천하를 다스리는 데 자신의 마음을 가지고 타인을 헤아리는 이상의 방법이 없다는 것이다. 윗사람이 나를 무례하게 대하는 것이 싫었다면 내가 윗사람이 되었을 때 아랫사람에게 무례하게 대하지 말 것이며, 아랫사람이 나에게 불손하게 대하는 것이 싫었다면 나는 윗사람에게 불손하지 않는 것이 혈구지도이

다. 위정자가 이러한 마음을 확충하여 노인을 섬기고 어른을 공경하고 불우한 사람들을 잘 보살펴주면 백성들이 모두 본받고 따르게 되어 나라를 다스리고 천하를 경영하는 데 이보다 나은 길이 없다는 것이다.

2

詩云
시 운

『시』[78]에 이르기를,

樂只[79]君子여,
락 지 군 자

"즐거우신 군자여,

民之父母라 하니,
민 지 부 모

백성들의 부모이시다" 하였으니,

民之所好를 好之하며,
민 지 소 호 호 지

백성들이 좋아하는 것을 좋아하고,

民之所惡를 惡之가
민 지 소 오 오 지

백성들이 싫어하는 것을
싫어하는 것,

此之謂民之父母니라.
차 지 위 민 지 부 모

이것을 백성들의 부모라고
하는 것이다.

이 문장 역시 『시경』을 인용하여 혈구지도를 말하였다. 군주가 백성과 호오(好惡)를 같이할 때 백성들은 군주를 부모와 같이 섬긴다는 말이다.

---

78 『시』: 『시경』의 「소아(小雅)·남산유대(南山有臺)」편이다.
79 지(只): 뜻 없이 사용된 어조사이나.

3

詩云
_{시 운}

『시』[80]에 이르기를,

節彼南山[81]이여,
_{절 피 남 산}

"우뚝 솟은 저 남산이여!

維[82]石巖巖[83]이로다.
_{유 석 암 암}

바윗돌 첩첩이로다.

赫赫師尹[84]이여,
_{혁 혁 사 윤}

휘황찬란한 태사(太師) 윤씨(尹氏)여!

民具[85]爾瞻이라 하니,
_{민 구 이 첨}

백성들 모두 그대 쳐다본다오" 하였으니,

有國者는
_{유 국 자}

나라를 맡은 자는

不可以不愼이니,
_{불 가 이 불 신}

조심하지 않을 수 없다.

---

80 『시』: 『시경』의 「소아(小雅)·절남산(節南山)」편이다.
81 남산(南山) : 주나라의 서울 호경(鎬京 : 지금의 서안 부근)의 남산이니 종남산(終南山)이다.
82 유(維) : 발어사로 사용된 어조사이다.
83 암암(巖巖) : 돌이 쌓여 있는 모습이다.
84 사윤(師尹) : 주희는 태사 윤씨로 보았는데, 태사는 삼공(三公)의 으뜸 벼슬이고, 윤씨는 그의 성이다. 그러나 현대의 중국학자들은 대체로 왕국유(王國維 ; 1877~1927)의 고증에 근거하여 태사와 윤씨를 모두 벼슬 이름으로 보고 있다.
85 구(具) : 구(俱)와 통용하여 쓴 글자로 모두의 뜻이다.

| 辟⁸⁶則爲天下僇矣니라.
벽　즉위천하륙의 | 〔사사로움에〕 치우치면 천하 사람들에게 죽임을 당하게 되는 것이다. |

　인용된 『시경』의 「절남산(節南山)」편은 주나라의 대부 가보(家父)가 국정을 농단한 태사 윤씨를 꾸짖고 그에게 국정을 맡긴 왕을 풍자한 시이다. 이 편의 내용에 따르면 윤씨는 최고위의 관직자로서 인척을 중용하는 공평치 못한 인사와 포악한 정치로 하늘의 재앙이 끊이지 않고 나라가 망할 지경이 되도록 하였다고 한다. 『대학』의 저자는 이 시를 인용하여 우뚝 솟은 남산을 백성들이 항상 쳐다보듯이 위정자의 행위는 백성들이 항상 주목하고 있기 때문에 스스로를 가다듬어 덕치(德治)를 베풀기를 권고하였다.

4

詩云 시　운	『시』⁸⁷에 이르기를,
殷之未喪師에 은지미상사	"은나라가 뭇 백성을 잃지 않았을 때엔
克配上帝러니, 극배상제	상제(上帝)와 짝할 수 있었도다.

---

86 벽(辟) : 벽(僻)의 가차자로 '치우치다·편벽되다'는 뜻이다.
87 『시』: 『시경』의 「대아(大雅)·문왕(文王)」편이다.

儀[88]監于殷이어다 의 감 우 은	마땅히 은나라를 거울삼을 일이로다.
峻命不易라 하니, 준 명 불 이	위대한 천명은 〔지키기〕 쉽지 않나니" 하였으니,
道得衆則得國하고 도 득 중 즉 득 국	백성을 얻으면 나라를 얻고
失衆則失國이니라. 실 중 즉 실 국	백성을 잃으면 나라를 잃음을 말한 것이다.

　백성을 잃고 얻는다는 것은 민심을 잃고 얻는다는 것이다. 선정으로 민심을 얻으면 이웃의 백성들이 모여들고 폭정으로 민심을 잃으면 내 나라의 백성들도 떠나가기 마련이다. 훌륭한 군주들이 은나라를 다스릴 때는 민심을 얻어 하늘의 주재자인 상제(上帝)의 뜻에 부합함으로써 나라를 보전할 수 있었다. 그러나 주왕(紂王) 같은 인물이 나와 폭정으로 민심을 잃자 주나라가 천하를 차지하게 되었던 것이다. 주나라도 만약 민심을 잃게 되면 나라를 보전하지 못할 것이니 민심을 잃어 망한 은나라를 경계의 거울로 삼으라는 말이다. 국가의 흥망은 천명에 달려 있고 천명은 민심을 통해 알 수 있다. 선정을 베풀어 민심을 얻을 때만이 천명을 지켜갈 수 있다는 말이다.

---

88 의(儀) : 의(宜)의 가차자로 '마땅히 ~하여야 한다'라는 뜻이다.

5

是故_{시고}로 그러므로

君子_{군자}는 先愼乎德_{선신호덕}이니, 군자는 먼저 조심조심 덕을
 지켜가야 한다.

有德_{유덕}이면 此有人_{차유인}이요, 덕이 있으면 이에 백성이 있게 되고,

有人_{유인}이면 此有土_{차유토}요, 백성이 있으면 이에
 국토가 있게 되고,

有土_{유토}면 此有財_{차유재}요, 국토가 있으면 이에
 재물이 있게 되고,

有財_{유재}면 此有用_{차유용}이니라. 재물이 있으면 이에
 〔다스림을 위해〕 쓸 수가 있다.

德者_{덕자}는 本也_{본야}요, 〔그러나〕 덕이 근본이고

財者_{재자}는 末也_{말야}니, 재물은 말단이니,

外本內末_{외본내말}이면, 근본을 내치고 말단을 중시하면,

爭民施奪_{쟁민시탈}이니라. 백성들을 다투게 하고 빼앗기를
 권장하게 된다.

是故로 시 고	이러한 까닭으로
財聚則民散하고, 재 취 즉 민 산	〔말단을 중시하여〕 재물이 모이면 백성은 흩어지고,
財散則民聚니라. 재 산 즉 민 취	〔근본을 중시하여〕 재물이 흩어지면 백성이 모인다.
是故로 시 고	이러한 까닭으로
言悖而出者는 언 패 이 출 자	〔도리에〕 어긋나게 나간 말은
亦悖而入하고, 역 패 이 입	역시 어긋나게 되돌아오고,
貨悖而入者는 화 패 이 입 자	〔도리에〕 어긋나게 들어온 재화는
亦悖而出이니라. 역 패 이 출	역시 어긋나게 나간다.

    위의 문장을 받아, 민심을 얻기 위해 무엇보다 중요한 것은 위정자의 덕(德)임을 말하였다. 위정자가 덕으로 선정을 베풀면 이웃나라의 백성들이 이곳으로 모이게 되고, 백성을 잃은 이웃 나라들이 귀부(歸附)하여 국토가 넓어지게 된다. 국토가 넓어져 농사지을 땅이 많아지면 생산력이 증대하여 재화가 쌓이게 되며, 쌓여진 재화로 선정을 베풀면 백성들이 더욱 모이게 되어 결국 천하를 경영할 수 있게 된다. 이러한 이치를 깨닫지 못한 위정자들은 선정의 근본이 되는 수기(修己)를 세을리 하고, 백성늘

의 재물을 착취하여 궁궐의 창고를 채우고자 한다. 풀 위로 바람이 불면 풀이 눕듯이 백성들은 위정자를 보고 배운다. 백성들도 그를 본받아 다투고 빼앗기에 골몰하게 되는 것이다. 그러므로 다스리는 자가 근본을 버리고 재물 모으기에 급급하면 백성들은 떠나가게 되고, 국부(國富)의 혜택이 백성에게 돌아가게 하면 백성들이 모여든다. 말을 함부로 하게 되면 그 말의 재앙이 나에게 되돌아오듯, 착취하여 모은 재물은 결국 나라의 멸망과 함께 흩어지게 되는 것이다.

6

康誥에 曰
강 고   왈

「강고」에 말하였다.

惟命은 不于常이라 하니,
유 명   불 우 상

"천명은 일정한 곳에
머무르지 않는다."

道善則得之하고
도 선 즉 득 지

올바르면 [천명을] 얻게 되고,

不善則失之矣니라.
불 선 즉 실 지 의

올바르지 않으면 [천명을]
잃게 됨을 말한 것이다.

   수기를 바탕으로 덕을 쌓아 선정을 베풀면 민심을 얻게 되고, 민심을 얻게 되면 천명을 보전하여 나라를 지켜갈 수 있다. 그렇지 않다면 천명을 잃고 나라는 망한다.

7

楚書에 曰
초 서   왈

楚國은 無以爲寶요,
초 국   무 이 위 보

惟善을 以爲寶라 하니라.
유 선   이 위 보

『초서(楚書)』[89]에 말하였다.

"초나라는 보배로 여길 것이 없고,

착한 사람을 보배로 여긴다."

현존하는 『국어(國語)·초어(楚語)』에는 이 말이 없고 다만 비슷한 이야기가 있다. 초소왕(楚昭王) 때의 대부 왕손어(王孫圉)가 진(晋)나라에 사신으로 갔는데, 진의 대부 조간자(趙簡子)가 초나라의 백형(白珩)이라는 패옥에 대해 물었다. 왕손어는 초나라의 어진 신하 두 사람을 거명한 뒤 백형이 보배가 아니라 그들이 보배임을 말하였다. 『대학』의 저자는 아마 덕으로써 선정을 펼치도록 왕을 보좌한 그들을 두고 이 말을 한 듯하다.

8

舅犯이 曰
구 범   왈

구범(舅犯)[90]이 말하였다.

---

89 『초서(楚書)』: 『국어(國語)·초어(楚語)』를 말한다. 『국어』는 서주(西周) 말기부터 춘추(春秋)시대에 이르기까지 주(周)·노(魯)·제(齊)·진(晋)·정(鄭)·초(楚)·오(吳)·월(越) 등 8개국의 중요한 사건들을 당사자들의 언설(言說)을 중심으로 기록해 놓은 책이다. 저자는 종래 좌구명(左丘明)으로 알려져 왔으나 현대에 와서는 대체로 전국시대의 작품인 것으로 보고 있다.
90 구범(舅犯): 춘추시대 인물로 진문공(晋文公) 중이(重耳)의 외숙이다. 성명은 호언(狐偃)이며 자가 자범(子犯)인데 문공의 외숙이기 때문에 외숙을 뜻하는 글자인 '구(舅)'를

亡人은 無以爲寶요,
망인   무이위보

"도망 온 사람은 보배로
여길 것이 없고,

仁親을 以爲寶라 하니라.
인친   이위보

어버이 사랑하는 것을
보배로 여긴다."

이 글은 『예기』의 「단궁(檀弓)」편에 보이는데, 약간의 차이가 있다. 진문공(晉文公) 중이(重耳)가 망명해 있을 때 그의 아버지 헌공(獻公)이 죽었다. 진목공(秦穆公)이 중이를 조문하고, 귀국하여 왕권을 차지하기를 은근히 권유하였다. 이때 구범이 중이에게 한 말이 바로 이 문장이다. 아버지의 상을 당해 나의 이익을 도모하기보다 어버이 사랑하는 도리를 다하는 것이 중요하다는 말이다. 역시 덕이 근본임을 말한 것이다.

9

秦誓에 曰
진서 왈

「진서(秦誓)」[91]에 말하였다.

붙여 구범이라고 불렸다. 진문공은 공자(公子) 시절에 국내 사정으로 인해 다른 나라로 망명하였다가 진목공(秦穆公)의 도움으로 귀국하여 제후가 되었다. 구범은 문공의 망명 시절부터 시종하였으며 문공이 제후가 되고 난 뒤 대부가 되어 문공을 도와 패업을 이루었다. 중이의 이름인 '重'은 종으로 읽는다.

[91] 「진서(秦誓)」: 『서경』의 편명이다. 이 편은 진목공(秦穆公)이 신하들의 간함을 듣지 않고 정(鄭)나라를 정벌하기 위해 출정하였다가 도중에 진(晉)나라 군대의 공격을 받아 패배하고 난 뒤, 간언(諫言)을 듣지 않았음을 후회하면서 신하들에게 고한 글이다. 여기에 인용된 문장은 현존하는 『서경』의 문장과 몇 글자의 차이가 있다.

若有一个臣이	"만약 어떤 신하 한 사람이
斷斷兮요 無他技나,	충직하기만 하고 다른 재주는 없지만,
其心이 休休焉하여	그 마음이 착하고 아름다워
其如有容焉이라,	〔남을〕 포용할 수 있을 듯하여,
人之有技를	남의 재주 있음을
若己有之하며,	마치 자신이 가지고 있듯이 여기고,
人之彦聖을	남의 훌륭하고 현명함을
其心好之가	마음으로 좋아하기를,
不啻若自其口出이면,	자신의 입에서 나오는 〔찬양〕 이상으로 한다면
寔能容之라.	이는 〔남을〕 포용할 수 있는 것이다.
以能保我子孫黎民이니,	나의 자손과 백성을 지켜나갈 수 있을 것이니,

尙亦有利哉인저!
상 역 유 리 재

아마 분명히 이로움이
있을 것이로다!

人之有技를
인 지 유 기

남의 재주 있음을

媢疾以惡之하며,
모 질 이 오 지

꺼리고 시기하여 미워하며,

人之彦聖을 而違之하여,
인 지 언 성   이 위 지

남의 훌륭하고 현명함을 배척하여

俾不通이면,
비 불 통

쓰이지 못하게 하면,

寔不能容이라,
식 불 능 용

이는 [남을] 포용할 수
없는 것이다.

以不能保我子孫黎民이니,
이 불 능 보 아 자 손 려 민

나의 자손과 백성을 지켜나갈 수
없을 것이니,

亦曰殆哉인저!
역 왈 태 재

위태롭다 할 것이다."

唯仁人이라야
유 인 인

오직 인덕(仁德)을 갖춘 사람만이

放流之하여,
방 류 지

[이런 사람을] 추방하고 유배하여,

迸諸四夷하여
병 저 사 이

사방 야만족의 땅으로 내쫓아

不與同中國하나니,
불여동중국

더불어 중국(中國)⁹²에 함께 살지 않는다.

此謂
차위

이것이,

唯仁人이라야
유인인

"오직 인덕을 갖춘 사람만이

爲能愛人하며
위능애인

남을 사랑할 수 있고

能惡人이니라.
능오인

남을 미워할 수 있다"는 것이다.

유가는 항상 재능이 있기보다는 덕이 있기를 강조한다. 『대학』의 저자도 일관되게 덕을 강조하고 있다. 삼강령 팔조목이 모두 덕에서 시작하여 덕으로 끝난다. 특출한 재능은 없지만 사람됨이 충직하며 남을 포용할 줄 알고, 남의 재능을 나의 재능처럼 인정하며 덕이 있는 사람을 진심으로 흠모한다면 이 사람은 덕이 있는 사람이다. 스스로 덕을 갖추고 있는 자만이 진심으로 덕 있는 자를 흠모하여 "마음으로 좋아하기를 자신의 입에서 나오는 이상으로" 할 수 있는 것이다. 언어는 항상 마음을 다 표현하지 못한다. 그러므로 찬양을 하고 싶어도 내 마음이 느낀 만큼 찬양이 되지 않는다. 보통 사람들은 남을 만나 마음이 흡족하지 않더라도 아름다운 언어로 찬양하곤 한다. 돌아서서는 비난하면서. 그러나 덕이 있는 사람은

---

92 중국(中國) : 상고시대에 오늘날 한족의 먼 조상들이 황하 유역에 거주하면서 자신들의 거주지를 천하의 중앙이라고 생각하고 중국이라고 불렀으며, 주변 지역들을 사방(四方), 혹은 사이(四夷)라고 하였다. 지역적으로는 대체로 중원(中原) 지역을 말한다.

진심으로 찬양하고도 자신의 언어가 항상 부족하다고 생각한다. 덕을 흠모하는 마음이 사무치기 때문이다. 이처럼 덕이 충만한 사람은 나라를 다스리는 데 별 어려움이 없다. 백성들이 모여들기 때문이다. "덕이 있는 자는 외롭지 않으니, 반드시 이웃이 있다〔德不孤, 必有隣〕"고 하지 않았던가!

반면에 남의 재능을 시기하고 덕이 있는 사람을 싫어하는 것은 스스로가 덕이 없기 때문이다. 이런 사람이 국사에 관여하게 되면 백성은 흩어지고 나라는 위태롭다. 그러므로 이런 사람에게 국가를 경영하게 할 수는 없다. 혹 이런 자가 이미 등용되었다면 내쳐야 한다. 그러나 이런 사람을 내치는 일은 아무나 할 수 없다. 덕을 갖춘 사람만이 할 수 있는 일이다. 덕을 갖춘 사람이 공평무사한 안목으로 이런 사람들을 알아보고 물리칠 때 백성들이 수긍한다. 역사서에는 군자를 가장하여 옥사를 일으켜 정적(政敵)을 제거한 소인들이 널려 있다. 그러므로 오직 덕을 갖춘 사람의 지혜로운 안광이라야 제대로 인재를 등용하고 악인을 물리칠 수 있는 것이다. 보통 사람들은 자신의 편향된 호오(好惡)를 기준으로 타인을 평가하기 때문이다. 의미심장한 이 단락의 마지막 문장, "오직 인덕을 갖춘 사람만이 남을 사랑할 수 있고 남을 미워할 수 있다"는 말은 『논어』에도 실려 있는 공자의 말이다. 『대학』의 저자가 공자의 말을 인용한 것이다.

10

見賢而不能擧하며,
견 현 이 불 능 거

덕이 있고 유능한 사람을 보고서도 등용하지 못하고,

擧而不能先이
거 이 불 능 선

등용하더라도 〔남보다〕 먼저 등용하지 못하는 것은

| 命⁹³也요, | 소홀한 것이다. |
| 만 야 | |

見不善而不能退하며　　올바르지 않은 사람을 보고서도
견 불 선 이 불 능 퇴　　　물리치지 못하고,

退而不能遠이　　　　　물리치더라도 먼 곳으로 [물리치지]
퇴 이 불 능 원　　　　　못하는 것은

過也니라.　　　　　　잘못이다.
과 야

　나라와 천하를 경영하는 기본은 인사이다. 여기서는 위 문장의 취지를 살려 올바른 인재의 등용을 강조하였다. 군주가 덕이 있는 인재를 등용하여 국정을 맡길 때 나라가 바르게 다스려진다. 바르지 못한 사람이 혹 등용되었더라도 내치되, 내치더라도 다시 나올 수 없도록 멀리 쫓아내야 한다. 현자를 등용하고 악인을 물리치기 위해서는 역시 현(賢)·불초(不肖)를 구별할 수 있는 군주의 덕이 전제가 되어야 한다.

11
好人之所惡하며　　　　사람들이 싫어하는 것을 좋아하고
호 인 지 소 오

---

93 명(命) : 동한의 학자 정현(鄭玄)은 '만(慢)'의 오자라고 하였고, 정이(程頤)는 '태(怠)'의 오자라고 하였는데, 주희는 누구의 견해가 옳은지 알 수 없다고 하였다. '명'과 '만'이 발음이 유사하기 때문에 일반적으로 '만'으로 읽어 왔다. 정이가 '태'로 본 것은 자형(字形)이 비슷하기 때문이다.

惡人之所好를,
오 인 지 소 호

사람들이 좋아하는 것을
싫어하는 것,

是謂拂人之性이라,
시 위 불 인 지 성

이것을 일러 사람의 본성을
어긴다고 하니,

菑⁹⁴必逮夫⁹⁵身이니라.
재 필 체 부 신

재앙이 반드시 그 몸에 이를 것이다.

是故로 君子有大道하니,
시 고   군 자 유 대 도

그러므로 군자에게는
큰 도리가 있으니,

必忠信以得之하고,
필 충 신 이 득 지

정성과 신뢰를 다하면 반드시
〔천명을〕 얻고,

驕泰以失之니라.
교 태 이 실 지

교만 · 방자하게 되면 〔천명을〕
잃게 된다.

다시 혈구지도와 천명의 득실을 말하였다. 나라와 천하를 경영하는 일
은 천명을 얻어야 하며 천명을 얻기 위해서는 혈구지도로서 백성을 보살
펴 민심을 얻어야 한다. 이에 반하여 사람의 본성이 보편적으로 가지고
있는 호오(好惡)를 거슬러 백성을 대하면 오히려 몸을 망치고 나라를 잃

---

94 재(菑) : 현재는 '묵은 밭'을 의미하는 '치'로 읽고 있지만, 고대에는 '재앙'을 의미하는
 '재(災)'와 통용하여 썼다.
95 부(夫) : 지시사로서 '그'의 의미이다.

고 천하를 잃게 되는 것이다.

　그러므로 군자에게는 큰 도리가 있다고 하였다. 여기서의 군자는 위정자를 말하고 큰 도리는 수기와 치인의 방법을 말한다. 위정자에게는 정성〔충(忠)〕과 신뢰〔신(信)〕로써 수기하고 혈구지도로써 치인하는 방법이 있다는 말이다. 주희는 모든 일에 자신의 최선을 다하는 것〔진기(盡己)〕을 충(忠)이라고 하고 사물의 이치에 위배되지 않게 처신하는 것을 신(信)이라고 하였다. 윗사람을 만나면 공경의 이치가 있으니 공경하는 것은 신이요, 공경함에 있어 최선을 다하는 것은 충이다. 마찬가지로 아랫사람을 만나면 자애의 이치가 있으니 자애롭게 대하는 것이 신이요, 자애롭게 대하되 나의 최선을 다하는 것이 충이라는 것이다.

　그러므로 위정자가 백성을 대하되 나의 자식처럼 대하여 자애를 다하게 되면 그것이 바로 충이며 신이며 혈구지도이니 천명을 얻게 될 것이요, 백성을 대하되 나의 지위와 권세를 믿고 교만하고 방자하면 천명을 잃게 된다는 말이다. 충신으로 수기하고 혈구지도로 치인하는 도리가 바로 천명을 얻는 도리인 것이다.

12

生財가 **有大道**하니,
생 재　　유 대 도

재물을 불어나게 하는
큰 도리가 있다.

生之者가 **衆**하고
생 지 자　　중

생산하는 사람이 많고

食之者가 **寡**하며,
식 지 자　　과

〔녹봉을 타서〕 먹기만 하는
사람이 적으며,

爲之者가 **疾**하고
위 지 자   질

농사짓기를 〔때맞추어〕
부지런히 하고

用之者가 **舒**하면,
용 지 자   서

소비하기를 〔절약하여〕
천천히 하게 되면,

則財恒足矣리라.
즉 재 항 족 의

재물이 항상 넉넉할 것이다.

　유가는 덕을 근본으로 여기고 재화(財貨)를 말단으로 여기지만 경제를 부정한 것은 아니다. 백성들은 의식주가 해결되어야 근본인 덕을 돌아보게 되기 때문이다. 그러므로 맹자는 백성들의 생계를 해결해 주지 않고 형벌을 앞세워 도덕적 실천을 강요하는 것은 그물을 쳐 두고 백성들이 걸려들기를 기다리는 짓이라고 하였다. 그러므로 위정자는 덕치를 위한 필요조건으로서의 경제에 항상 관심을 가져야 한다. 이 문장은 치국과 평천하를 위해 농업을 기반으로 하는 봉건시대의 경제문제를 소박하게 다루고 있다.
　경제적으로 풍족하기 위해서는 공급이 수요를 초과해야 한다. 공급이 수요를 초과하기 위해서는 생산에 종사하는 사람은 많고 소비하는 사람이 적어야 한다. 시대를 감안하여 이야기하자면 백성들에게 농토를 고루 나누어주어 농사짓지 않는 백성이 없게 하고 조정에는 불필요한 자리를 없애 녹봉이 낭비되지 않도록 해야 한다. 이것만으로는 부족하다. 농사를 짓게 하되 때에 맞추어 부지런히 짓도록 하고, 이렇게 생산된 곡식과 재화를 소비할 때는 절약하여 낭비하지 않도록 하면 재화가 항상 넉넉할 것이다.

13

仁者는 以財發身하고,
인자 이재발신

어진 사람은 재물로써
〔민심을 얻어〕 몸을 일으키고,

不仁者는 以身發財니라.
불인자 이신발재

어질지 못한 사람은 몸으로써
재물을 일으킨다.

  덕이 있는 사람이 재물로써 몸을 일으킨다는 말은 재물을 백성들에게 나누어 주어 인심을 얻고 그것을 발판으로 벼슬을 하여 출세한다는 말이 아니다. 덕이 있는 사람은 말단인 재화에 집착하지 않기 때문에 분외(分外)의 재물을 탐내지 않는다는 말이다. 그가 탐내지 않은 분외의 재물은 백성들에게 돌아간다. 그러므로 백성들은 그를 칭송하게 되고 어진 덕이 알려져 경륜을 펼칠 기회가 주어지게 되는 것이다. 이와 반대로 부덕한 사람은 재화에 집착하여 자신의 존엄과 몸을 망쳐가며 재물 모으기에 급급한다. 이렇게 모은 재물이 오래갈 리 없다. 우리는 주변에서 불의로 모은 재물이 허망하게 사라지는 것을 얼마나 많이 보았던가!

14

未有上好仁
미유상호인

윗사람이 인덕(仁德)을
좋아하는데,

而下不好義者也니,
이하불호의자야

아랫사람이 의로움을
좋아하지 않을 리 없다.

未有好義요　　　　　　　〔아랫사람이〕 의로움을 좋아하는데
미 유 호 의

其事不終者也며,　　　　〔윗사람의〕 일을 완수하지 못하는
기 사 부 종 자 야　　　　　경우는 없으니,

未有府庫財가　　　　　　창고 속의 재물이
미 유 부 고 재

非其財者也니라.　　　　그의 재물이 아닌 것이 없다.
비 기 재 자 야

　　윗사람이 덕을 쌓아 모범을 보이며 아랫사람을 자애로 대하면 아랫사람은 그를 본받아 의로워지고 의리로써 윗사람을 대하게 된다. 그러므로 윗사람이 일이 있게 되면 아랫사람은 진심으로 기뻐하며 그 일을 수행한다. 그러므로 윗사람의 창고에 재화가 가득하더라도 불평이 있을 리 없다. 불의로 모은 재물이 지탄의 대상이 되는 것과는 다른 것이다. 윗사람도 이렇게 모인 재물을 의롭게 쓸 것이므로 그의 창고에 재물이 쌓이면 쌓일수록 백성들은 기뻐하는 것이다. 덕이 근본이고 재화는 말단이기에, 근본이 바로 서면 말단은 저절로 갖추어지게 마련이다.

15

孟獻子曰　　　　　　　　맹헌자(孟獻子)[96]가 말하였다.
맹 헌 자 왈

---

[96] 맹헌자(孟獻子) : 춘추시대 노(魯)나라의 어진 재상으로 성은 중손(仲孫)이고 이름은 멸(蔑)이다. 선정을 베풀며 50여 년 동안 노나라의 국정을 돌보아 '사직지신(社稷之臣)'의 칭송이 있었다고 한다.

畜馬乘은 _{휵 마 승}	"수레와 수레 몰 말을 키우는 사람은
不察於鷄豚하고, _{불 찰 어 계 돈}	닭과 돼지를 〔욕심내어〕 살피지 않고,
伐氷之家는 _{벌 빙 지 가}	얼음을 잘라 쓰는 집안은
不畜牛羊하고, _{불 휵 우 양}	소와 양을 〔욕심내어〕 기르지 않고,
百乘之家는 _{백 승 지 가}	100대의 수레를 가진 집안은
不畜聚斂之臣하나니, _{불 휵 취 렴 지 신}	〔백성들의 재물을〕 거두어 모으는 가신(家臣)을 기르지 않는다.
與其有聚斂之臣으론 _{여 기 유 취 렴 지 신}	거두어 모으는 가신을 기르기보다는
寧有盜臣이라 하니, _{녕 유 도 신}	차라리 〔나의 재물을〕 훔쳐가는 가신을 두라."
此謂 _{차 위}	이것이,
國은 不以利爲利오, _{국 불 이 리 위 리}	나라는 이익을 이롭게 여기지 않고
以義爲利也니라. _{이 의 위 리 야}	의로움을 이롭게 여긴다는 것이다.

위 문장의 논리를 이어 위정자는 분외(分外)의 재물을 탐내지 않아야 함을 말하였다. 수레를 갖추고 수레를 몰 말을 키우는 사람은 처음 대부(大夫)가 된 사람을 말한다. 대부가 되면 네 마리 말이 끄는 수레를 타게 된다. 얼음을 잘라 쓰는 집안은 경대부(卿大夫)를 말한다. 경대부 이상의 고관들은 상례와 제례에 국가가 보관한 얼음을 사용한다. 100대의 수레를 가진 집안은 영지(領地)를 소유한 사람을 말하니, 영지를 소유한 사람은 가신(家臣)을 두어 영지를 관리한다. 덕을 갖춘 위정자는 각각의 신분과 지위에 부합하는 재물을 소유할 뿐, 백성의 재물을 탐내지 않는다. 백성의 재물을 손상하기보다는 차라리 나의 재물을 덜어 백성을 아끼는 것이다. 그러므로 위정자는 나의 이로움보다는 의로움을 먼저 생각해야 한다. 그러나 어느 시대를 막론하고 이런 위정자는 드물다.

16

長國家
장 국 가

국가의 우두머리가 되어

而務財用者는
이 무 재 용 자

재물을 [모으고] 쓰기에 힘쓰는 것은

必自小人矣니,
필 자 소 인 의

틀림없이 소인들 때문이니,

彼爲善之小人之使爲國家면
피 위 선 지 소 인 지 사 위 국 가

소인들로 하여금 나라를 경영하게 하면

菑害竝至라,
재 해 병 지

재앙과 피해가 한꺼번에 닥쳐

雖有善者나 _{수 유 선 자}	비록 올바른 사람이 있다 하더라도
亦無如之何矣니 _{역 무 여 지 하 의}	어찌할 수 없다.
此謂 _{차 위}	이것이,
國은 不以利爲利오, _{국 불 이 리 위 리}	나라는 이익을 이롭게 여기지 않고,
以義爲利也니라. _{이 의 위 리 야}	의로움을 이롭게 여긴다는 것이다.

맹헌자의 말을 논평한 취지를 다시 설명하며 군주가 소인을 등용하여 가렴주구하는 폐해를 경계하고 있다. 소인을 잘못 등용한 군주에 대한 질책도 행간에 숨어 있다. 그러므로 나라와 국가를 잘 다스리기 위해서는 인재를 적재적소에 쓸 수 있는 유덕자(有德者)의 안목이 필요하다. 어느 시대나 관료의 부패가 골칫거리였던가 보다.

"彼爲善之小人之使爲國家"는 예로부터 주석가들을 애먹인 문장이다. 문장의 결로 보아 '피(彼)'는 분명 소인을 가리키는데 그 소인이 선을 행한다[위선(爲善)]고 하니 논리가 맞지 않는 것이다. 그래서 주희는 '彼爲善之' 네 글자 아래위로 빠진 문장이 있거나 글자가 잘못되었다고 간주하여 본문의 번역문처럼 이 네 자를 빼고 이해하였다. 본문 역시 주희의 견해에 따라 번역한 것이다. 여러 주석가들의 견해 가운데에는 그럭저럭 수긍이 가는 내용도 있지만 다소 전문적이기에 여기서는 소개하지 않는다.

중용
中庸

중용장구서
中庸章句序

　『중용장구』는 주희가『예기(禮記)』의「중용」편을 분장(分章)하고 구(句)를 끊어 주석을 붙인 책이다.『중용』역시『대학』과 마찬가지로 주희 이전에 이미『예기』로부터 독립되어 유통되었으나, 유학사적으로 새로운 가치를 부여하여 의미 있는 문헌이 되도록 하는 작업은 주희의『중용장구』에 의하여 완성되었다. 주희는『중용』이 유학의 요체를 설파한 책이라고 생각하고, 그가 체계를 완성한 성리학의 새로운 교과서인〈사서(四書)〉에 포함시켰다. 아울러 그 심오한 내용을 이해하기가 쉽지 않으므로 배우는 사람들이〈사서〉를 읽을 때 마지막에 읽기를 권유하였다.『중용장구』는 주자의 이러한 견해가 담긴 책이며,「중용장구서」는 이러한 견해를 체계적으로 서술해 놓은 명문이다. 그러므로『중용장구』에 입각하여『중용』을 해설하기에 앞서 주자의「서문」을 먼저 여섯 단락으로 나누어 소개한다.

1[1]

中庸은 何爲而作也오 子思子憂道學之失其傳而作也시니라 蓋自
  중용   하위이작야   자사자우도학지실기전이작야   개자

上古聖神이 繼天立極으로 而道統之傳이 有自來矣라 其見於經則
 상고성신   계천립극   이도통지전   유자래의   기현어경즉

允執厥中者는 堯之所以授舜也오 人心은 惟危하고 道心은 惟微
 윤집궐중자   요지소이수순야   인심   유위   도심   유미

하니 惟精惟一이라사 允執厥中者는 舜之所以授禹也라 堯之一言
    유정유일   윤집궐중자   순지소이수우야   요지일언

이 至矣盡矣어늘 而舜이 復益之以三言者는 則所以明夫堯之一言
  지의진의   이순   부익지이삼언자   즉소이명부요지일언

을 必如是而後에 可庶幾也라
  필여시이후   가서기야

『중용』을 무엇 때문에 저술하였는가? 자사자(子思子)[2]께서 도학(道學)[3]의 전통이 사라질 것을 우려하여 지으셨다. 아득한 옛날 성인이

---

1 서문의 제1단에서 주희는 『중용』의 저자와 저술 동기 및 경전에서 전하고 있는 유가 심법(心法)의 요체를 밝혔다. 심법은 성리학자들이 상용하는 표현인데, 원래는 불교에서 문자화된 불경을 벗어난 마음의 가르침이라는 의미로 사용하던 용어이다. 성리학자들은 이 용어를 빌려 유가의 성인들이 심득(心得)하여 서로 전수한 학문의 요체라는 의미로 사용하였다.

2 자사자(子思子) : 공자의 손자로 성명은 공급(孔伋)이며, 자(字)가 자사이다. 자 뒤에 '자(子)'자를 붙인 것은 존칭이다. '자'를 존칭으로 쓸 때는 성 뒤에 붙이는 것이 원칙이지만 공자와의 혼동을 피하기 위해 자 뒤에 붙인 것이다. 자사는 공자의 학통을 계승한 증자(曾子)의 제자라고 하지만 분명치 않으며, 그의 사상이 맹자에게 영향을 끼쳤음은 학계의 인정을 받고 있다. 주희는 자사가 『중용』을 저술하였다고 생각하였다.

3 도학(道學) : 성리학자들은 자신들의 학문이 성명(性命)·의리(義理)를 강구하여 도(道)를 추구하는 학문이라고 하여 도학이라고 하고, 그 연원을 요·순을 비롯하여 공자·맹자에 두고 있다.

하늘의 뜻을 계승하여 황극(皇極)[4]을 세움으로부터 도통(道統)[5]의 전승이 유래가 있었다. 경전에 보이는, "정성을 다해 그 중도(中道)를 지켜 나가라"[6]고 한 것은 요(堯)[7] 임금이 순(舜)[8] 임금에게 준 말씀이며, "인심(人心)은 위태롭고 도심(道心)은 잘 드러나지 않으니, 〔인심이 섞이지 않도록〕 정밀하게 살피고 〔도심을〕 한결같이 보존하여 정성을 다해 그 중도를 지켜 나가라"[9]고 한 것은 순 임금이 우(禹)[10] 임금에게 준 말씀이다. 요 임금의 한 마디 말씀이 지극하고 극진하였으나 순 임금이 여기에 다시 세 마디 말씀을 더한 것은, 요 임금의 한 마디 말씀에 반드시 이와 같이 〔첨언〕하고 나서야 비슷하게 해낼 수 있음을 밝힌 것이다.

---

4 황극(皇極) : 제왕이 천하를 통치하는 준칙. 대중지정(大中至正)한 도리를 말한다.
5 도통(道統) : 도가 전하여 온 계통. 원래 선종의 승려들이 중국 선종의 초조(初祖)인 달마(達磨)로부터 전하여 온 심법의 계통을 강조하자, 유가에서도 도통을 강조하게 되었는데 당나라의 한유(韓愈)가 「원도(原道)」에서 요(堯)로부터 맹자까지 도의 전승을 계통적으로 서술함에서 비롯한다.
6 이 말은 『논어』의 마지막 편인 「요왈(堯曰)」에 "윤집기중(允執其中)"으로 실려 있다.
7 요(堯) : 전설시대 부락연맹의 군장(君長)으로 오제(五帝)의 한 명이다. 제곡(帝嚳)의 아들이며 제지(帝摯)의 아우인데 제지를 이어 군장이 되었다고 한다. 유가에서는 전설적인 성왕(聖王)으로 존중하며, 도통의 출발점으로 보고 있다.
8 순(舜) : 요로부터 선양을 받아 왕이 된 인물로 역시 오제의 한 명이다. 요와 함께 전설적인 성왕이며 요의 도통을 계승하였다. 그의 도덕적 실천에 대한 기록이 여러 문헌에 전한다.
9 이 말은 『서경』의 「대우모(大禹謨)」편에 전하고 있는데, 「대우모」편은 청대의 고증학자들에 의하여 위(魏)·진(晉) 시대의 위작임이 밝혀졌다. 비록 후대에 편집된 것이기는 하지만 위작자가 마음대로 만들어 넣은 구절이 아니라 여러 문헌들을 참고하여 편집한 것으로 보이기 때문에 송유(宋儒)들의 의미 부여가 나름대로 의의가 있다고 할 수 있다.
10 우(禹) : 순으로부터 선양을 받아 하(夏)왕조를 개창한 성군이다. 황하의 범람을 다스린 치수(治水)의 전설로 유명하며 백성들을 위해 부지런했던 내용의 기록들이 문헌에 전해 오고 있다. 순의 도통을 계승하였다.

2[11]

蓋嘗論之컨대 心之虛靈知覺은 一而已矣로되 而以爲有人心道心
개상론지 심지허령지각 일이이의 이이위유인심도심

之異者는 則以其或生於形氣之私하고 或原於性命之正하니 而所
지이자 즉이기혹생어형기지사 혹원어성명지정 이소

以爲知覺者 不同이라 是以로 或危殆而不安하고 或微妙而難見耳
이위지각자 부동 시이 혹위태이불안 혹미묘이난견이

라 然이나 人莫不有是形故로 雖上智라도 不能無人心이요 亦莫不
연 인막불유시형고 수상지 불능무인심 역막불

有是性故로 雖下愚라도 不能無道心하니 二者 雜於方寸之間而不
유시성고 수하우 불능무도심 이자 잡어방촌지간이부

知所以治之면 則危者愈危하고 微者愈微하여 而天理之公이 卒無
지소이치지 즉위자유위 미자유미 이천리지공 졸무

以勝夫人欲之私矣라 精則察夫二者之間而不雜也오 一則守其本
이승부인욕지사의 정즉찰부이자지간이부잡야 일즉수기본

心之正而不離也니 從事於斯하여 無少閒斷하여 必使道心으로 常
심지정이불리야 종사어사 무소간단 필사도심 상

爲一身之主而人心으로 每聽命焉이면 則危者安하고 微者著하여
위일신지주이인심 매청명언 즉위자안 미자저

而動靜云爲 自無過不及之差矣라
이동정운위 자무과불급지차의

대강을 이야기해 보기로 한다. 마음의 텅 비고 영묘함과 알고 깨달음

---

[11] 서문의 제2단에서는 제1단에서 밝힌 심법의 요체를 해설하였다. 여기서 주희가 설명한
내용은 성리학의 심성론과 수양론의 핵심 이론이라고 할 수 있다.

〔허령지각(虛靈知覺)〕¹²은 하나일 뿐이지만 인심과 도심이 차이가 있는 것은, 어떤 것은 형기지사(形氣之私)¹³에서 생겨나고 어떤 것은 성명지정(性命之正)¹⁴에 근원하여, 알고 깨닫는 것이 다르기 때문이다. 그러므로 어떤 경우는 위태해서 불안하기도 하고, 어떤 경우는 미묘해서 보기가 어렵다. 그러나 사람은 모두 형체를 가지고 있기 때문에 최상의 지혜를 가진 사람이라도 인심이 없을 수 없고, 본성이 없는 사람이 없기 때문에 가장 어리석은 사람이라도 도심이 없을 수 없다. 이 두 가지가 마음속에 섞여 있으므로 다스릴 줄을 모르면, 위태한 것은 더욱 위태해지고 미묘한 것은 더욱 미묘해져, 공변된 천리가 마침내 사사로운 인욕을 이기지 못하게 된다. '정밀하게 살핀다'는 것은 이 두 가지 사이를 관찰하여 섞이지 않게 하는 것이며, '한결같이 보존한다'는 것은 그 올바른 본심을 지켜서 떠나지 않게 하는 것이다. 잠시라도 쉼 없이 이 일에 힘을 써서 도심이 늘 몸의 주인이 되게 하고 인심이 항상 〔도심의〕 명령을 따르도록 하면, 위태한 것은 편안해지고 미묘한 것은 드러나게 되어, 일상의 동정(動靜)과 언행에 넘치거나 모자라는 잘못이 저절로 없어진다.

---

12 허령지각(虛靈知覺) : 성리학자들이 마음을 이야기할 때 상용하는 표현이다. 허령은 마음의 체(體)를 가리킨 말이고 지각은 마음의 용(用)을 말한다. 허령은 텅 비어 실체가 없지만 영묘하여 만사에 응할 수 있다는 말이며, 지각은 감각적 지각 능력과 리(理)의 인식 기능을 포함하는 말이다.

13 형기지사(形氣之私) : 육체가 생기면서 기질에 의히여 있게 되는 감각적 욕망.

14 성명지정(性命之正) : 하늘이 수어서〔명(命)〕, 인간이 받은〔품(稟)·부(賦)〕 올바른 본성.

3[15]

夫堯舜禹는 天下之大聖也요 以天下相傳은 天下之大事也라 以天
부요순우   천하지대성야   이천하상전   천하지대사야   이천

下之大聖으로 行天下之大事하시되 而其授受之際에 丁寧告戒不
하지대성   행천하지대사   이기수수지제   정녕고계불

過如此하시니 則天下之理 豈有以加於此哉아 自是以來로 聖聖이
과여차   즉천하지리   기유이가어차재   자시이래   성성

相承하사 若成湯文武之爲君과 皐陶伊傅周召之爲臣이 既皆以此
상승   약성탕문무지위군   고요이부주소지위신   기개이차

而接夫道統之傳하시고 若吾夫子는 則雖不得其位而所以繼往聖
이접부도통지전   약오부자   즉수부득기위이소이계왕성

開來學하시니 其功反有賢於堯舜者라 然이나 當是時하여 見而知
개래학   기공반유현어요순자   연   당시시   견이지

之者는 惟顏氏曾氏之傳이 得其宗하시고 及曾氏之再傳而復得夫
지자   유안씨증씨지전   득기종   급증씨지재전이부득부

子之孫子思則去聖이 遠而異端이 起矣라
자지손자사즉거성   원이이단   기의

요·순·우는 세상에서 가장 위대한 성인들이며, 천하를 전하는 것은 세상에서 가장 큰 일인데, 가장 위대한 성인들이 가장 큰 일을 하면서 그 주고받을 때에 간곡하게 고하여 경계한 내용이 이것에 불과하니, 세상의 이치가 어찌 이것보다 더한 것이 있으랴! 이로부터 성인과 성인이 서로 계승하여, 임금으로는 성탕(成湯)[16]과 문왕(文王)[17]과 무

---

15 서문의 제3단에서는 심법의 전수를 통하여 요순으로부터 자사까지 도통이 이어져 온 상황을 말하였다.
16 성탕(成湯) : 은나라를 세운 임금. 성은 자(子), 이름은 리(履), 시호가 탕(湯)이다. 혹

왕(武王)**18**이, 신하로는 고요(皐陶)**19**와 이윤(伊尹)**20**과 부열(傅說)**21**과 주공(周公)**22**과 소공(召公)**23**이 모두 이것으로써 전해 온 도통을 이었고, 우리 부자(夫子)**24**와 같은 분은 비록 그 지위를 얻지는 못하였지만, 지나간 성인을 계승하고 다가올 후학들의 길을 열어준 공은 오히려 요순보다 더 훌륭하시다. 그러나 당시에 이것을 보고 안 사람 가운데 안자(顔子)**25**와 증자(曾子)**26**가 전한 것이 종지를 얻었는데, 증자가 다시 전하여 부자의 손자 자사(子思)를 얻었으나 성인〔공자〕의 시대에서 멀어져 이단이 일어나게 되었다.

은 이름을 '탕'이라고도 하는데, 왕업을 이루었다고 하여 '성탕'이라고도 한다.
17 문왕(文王) : 주나라 왕업의 기초를 다진 인물. 성은 희(姬), 이름은 창(昌)이며, 그의 아들 무왕이 주나라를 세우고 나서 문왕이라는 시호를 올렸다.
18 무왕(武王) : 주나라를 세운 임금. 성명은 희발(姬發).
19 고요(皐陶) : 전설시대의 어진 신하. 순 임금 때 형옥(刑獄)을 담당하는 관리가 되어 법을 집행함이 공평하여 백성들이 모두 열복하였다. 순 임금 앞에서 우(禹)와 함께 정치의 도리를 논한 내용이 『서경』의 「고요모(皐陶謨)」에 실려 있다.
20 이윤(伊尹) : 탕 임금을 도와 은나라를 건국한 공신.
21 부열(傅說) : 은나라를 중흥시킨 22대 군주 고종(高宗) 무정(武丁)의 신하. 원래 공사장의 인부였으나 무정에게 발탁되어 중흥의 공신이 되었다.
22 주공(周公) : 문왕의 아들이며 무왕의 아우로 성명은 희단(姬旦). 무왕을 도와 주나라를 건국하고, 무왕이 죽고 난 뒤 조카인 성왕(成王)을 보좌하여 주나라 초기의 문물과 제도를 정비하였다. 공자가 늘 존경하며 본받고 싶어했던 인물이다.
23 소공(召公) : 주공의 동생으로 이름은 석(奭). 주공과 함께 무왕의 건국을 도와 연(燕)의 제후에 봉해졌다.
24 우리 부자 : 공자를 말한다.
25 안자(顔子) : 성명은 안회(顔回), 자는 자연(子淵). 아버지 안로(顔路)와 함께 공자의 제자가 되었다. 배우기를 좋아하고 석식하여 공자가 가장 아낀 제자였으나 일찍 죽었다.
26 증자(曾子) : 성명은 증삼(曾參). 아버지 증점(曾點)과 함께 공자의 제자가 되었다 공자가 그를 평가하여 추명하지 못하다고 하였는데, 탁월한 덕행과 부단한 노력으로 결국 공자의 도통을 계승하는 제자가 되었다. 자사의 스승이며.

4[27]

子思懼夫愈久而愈失其眞也하사 於是에 推本堯舜以來相傳之意
자사구부유구이유실기진야   어시   추본요순이래상전지의

하시고 質以平日所聞父師之言하여 更互演繹하여 作爲此書하사
       질이평일소문부사지언   경호연역   작위차서

以詔後之學者하시니 蓋其憂之也深故로 其言之也切하고 其慮之
이조후지학자   개기우지야심고   기언지야절   기려지

也遠故로 其說之也詳하니 其曰天命率性은 則道心之謂也요 其曰
야원고   기설지야상   기왈천명솔성   즉도심지위야   기왈

擇善固執은 則精一之謂也요 其曰君子時中은 則執中之謂也라 世
택선고집   즉정일지위야   기왈군자시중   즉집중지위야   세

之相後 千有餘年이로되 而其言之不異如合符節이라 歷選前聖之
지상후 천유여년   이기언지불이여합부절   력선전성지

書하여 所以提挈綱維하며 開示蘊奧 未有若是之明且盡者也라 自
서   소이제설강유   개시온오 미유약시지명차진자야   자

是而又再傳以得孟氏하여 爲能推明是書하여 以承先聖之統이러
시이우재전이득맹씨   위능추명시서   이승선성지통

시니 及其沒而遂失其傳焉則吾道之所寄 不越乎言語文字之間而
     급기몰이수실기전언즉오도지소기 불월호언어문자지간이

異端之說이 日新月盛하여 以至於老佛之徒出則彌近理而大亂眞
이단지설   일신월성   이지어로불지도출즉미근리이대란진

矣라
의

---

[27] 서문의 제4단에서는 제자백가 등 이단의 학설 사이에서 유가 심법이 왜곡될 것을 우려하여 『중용』을 저술하였음과 맹자 이후로 그 도통이 끊어졌음을 말하였다.

자사께서는 시간이 경과할수록 더욱 그 참된 뜻을 잃게 될 것을 걱정하여, 이에 요순 이래로 서로 전해 온 뜻을 헤아려 근본으로 삼고, 평소에 부형과 스승에게 들은 말씀으로 바로잡아, 거듭 부연하여 이 책을 지어 후세의 배우는 사람들을 깨우치셨다. 걱정이 깊었기 때문에 말씀이 간절하고, 먼 후일을 염려하였기 때문에 설명이 자세하니, '하늘이 명하였다'거나 '본성을 따른다'는 것은 도심을 말한 것이며, '바른 것을 가려서 굳게 지킨다'는 것은 정밀하게 살펴 한결같이 함을 말한 것이며, '군자의 덕으로 상황에 맞게 적절하게 처신한다'는 것은 중도를 지킴을 말한 것이다. 시대가 흘러 천여 년이 지났지만 그 말씀이 서로 다르지 않아 부절(符節)처럼 부합하니, 옛 성인들의 글을 낱낱이 가려서 강령을 잡아 심오한 뜻을 열어 보여준 것이 이처럼 분명하고 극진한 것은 없다. 이로부터 또 다시 전하여 맹자를 얻어, 이 글을 헤아려 밝혀 앞선 성인들의 도통을 이을 수 있었다. 맹자가 돌아가시자 드디어 그 전함을 잃고 말았으니, 우리 도가 의지할 수 있는 것은 언어와 문자의 사이에 지나지 않고 이단의 말들이 날로 새로워지고 달로 무성하여 도가와 불가의 무리가 출현하자 더욱 이치에 가까워져서 참된 뜻을 크게 어지럽히게 되었다.

5[28]

然而尙幸此書之不泯故로 程夫子兄弟者出하사 得有所考하사 以
연 이 상 행 차 서 지 불 민 고　　정 부 자 형 제 자 출　　　득 유 소 고　　　이

---

[28] 서문의 제5단에서는 맹자 이후 문자로만 남아 있던 유가의 심법을 정씨 형제가 『중용』에 의거해 회복하였으나 그의 제자들이 정밀하게 계승하지 못하였음을 말하였다.

續夫千載不傳之緒하시고 得有所據하여 以斥夫二家似是之非하
속부천재부전지서   득유소거   이척부이가사시지비

시니 蓋子思之功이 於是爲大而微程夫子면 則亦莫能因其語而得
    개자사지공   어시위대이미정부자   즉역막능인기어이득

其心也리라 惜乎라 其所以爲說者 不傳而凡石氏之所輯錄이 僅出
기심야   석호   기소이위설자 부전이범석씨지소집록   근출

於其門人之所記라 是以로 大義雖明而微言을 未析하고 至其門人
어기문인지소기   시이   대의수명이미언   미석   지기문인

의 所自爲說則雖頗詳盡而多所發明이나 然이나 倍[29]其師說而淫
   소자위설즉수파상진이다소발명   연   배 기사설이음

於老佛者 亦有之矣라
어로불자 역유지의

그러나 다행히 이 글이 사라지지 않았기에 정부자(程夫子) 형제[30]가 나오셔서 [이 글을] 상고하여 천년 동안 전하지 못한 실마리를 이을 수 있었고, [이 글에] 의거하여 저 도가와 불가의 옳은 듯하지만 그릇됨을 배척할 수 있었다. 자사의 공이 크기도 하지만, 정부자가 아니었다면 역시 그 말씀에 근거해서 [성인들이 주고받은] 그 마음을 얻지 못하였을 것이다. 안타깝도다! [정부자께서] 말씀하신 내용은 전하지 않고, 석씨(石氏)[31]가 모아서 적어둔 것은 겨우 그 문인들이 기록한 것에서 나왔으니 대의는 비록 밝아졌지만 미묘한 말씀들은 분명

---

29 배(倍) : 배(背)의 가차자로 '어긋나다·배반하다' 등의 뜻이다.
30 정부자(程夫子) 형제 : 정호(程顥)와 정이(程頤) 형제를 말한다. 두 사람을 함께 이정(二程)이라고 하며, 존칭하여 정자(程子)라고 한다. 북송 시대의 인물로 성리학의 기초를 마련하였으며, 특히 아우인 정이는 주희에게 가장 큰 영향을 끼친 인물이다.
31 석씨(石氏) : 석돈(石墪), 자는 자중(子重), 호는 극재(克齋). 주희와 교류가 있었고, 선유(先儒)들의 『중용』에 대한 견해들을 모아 『중용집해(中庸集解)』 2권을 저술하였다.

하게 드러나지 못하였다. 그 문인들이 스스로 주장한 내용들에 이르면, 매우 자세하기도 하고 드러내 밝힌 것도 많지만 스승의 말씀과 어긋나 도가와 불가에 물든 내용도 있다.

6[32]

熹自蚤歲로 卽嘗受讀而竊疑之하여 沈潛反復이 蓋亦有年이러니
희 자 조 세   즉 상 수 독 이 절 의 지   침 잠 반 복   개 역 유 년

一旦恍然하여 似有以得其要領者然後에 乃敢會衆說而折其衷하
일 단 황 연   사 유 이 득 기 요 령 자 연 후   내 감 회 중 설 이 절 기 충

여 旣爲定著章句一篇하여 以俟後之君子而一二同志로 復取石氏
   기 위 정 저 장 구 일 편   이 사 후 지 군 자 이 일 이 동 지   부 취 석 씨

書하여 刪其繁亂하여 名以輯略하고 且記所嘗論辨取舍之意하여
서   산 기 번 란   명 이 집 략   차 기 소 상 론 변 취 사 지 의

別爲或問하여 以附其後然後에 此書之旨 支分節解하고 脈絡貫通
별 위 혹 문   이 부 기 후 연 후   차 서 지 지 지 분 절 해   맥 락 관 통

하여 詳略이 相因하고 巨細畢擧而凡諸說之同異得失이 亦得以曲
     상 략   상 인   거 세 필 거 이 범 제 설 지 동 이 득 실   역 득 이 곡

暢旁通而各極其趣하니 雖於道統之傳에 不敢妄議나 然이나 初學
창 방 통 이 각 극 기 취   수 어 도 통 지 전   불 감 망 의   연   초 학

之士 或有取焉이면 則亦庶乎行遠升高之一助云爾라
지 사 혹 유 취 언   즉 역 서 호 행 원 승 고 지 일 조 운 이

---

[32] 서문의 마지막 단락에서는 자신이 『중용상구』를 저술하게 된 경위를 설명하였다. 한편으로는 맹자 이후 끊어졌던 도통을 정자 형제를 통해 자신이 계승하였음을 은근히 자부하기도 한 것처럼 보인다.

淳熙己酉春三月戊申에 新安朱熹는 序하노라
순 희 기 유 춘 삼 월 무 신   신 안 주 희   서

나는 일찍부터 〔『중용』을〕 받아 읽고, 마음속으로 의심하여 여러 해 동안 반복하여 깊이 사색하였는데, 어느 순간 홀연히 깨달은 바가 있어 그 대요(大要)와 강령(綱領)을 터득한 듯하였다. 그 뒤, 감히 여러 사람들의 견해를 모으고 절충하여, 장구(章句) 한 편을 지어 후세의 군자를 기다리고, 몇몇 동지들과 다시 석씨의 책을 가지고 그 번잡 혼란한 것을 가다듬어 『집략(輯略)』[33]이라고 이름 붙였으며, 또 일찍 이 논변 취사한 뜻을 기록하여 별도로 『혹문(或問)』[34]을 만들어 그 뒤에 붙였다. 그런 뒤에, 이 글의 뜻이 가지가 나뉘고 마디가 풀려 맥락이 관통하고, 자세함과 간략함이 서로 보완되었으며, 대강과 세목이 모두 갖추어졌다. 모든 학설의 이동(異同)과 득실 또한 자세히 드러나고 널리 통하여 각각의 취지가 모두 밝혀지게 되었다. 비록 도통의 전수에 대해서는 감히 함부로 논의할 수 없지만 처음 배우는 선비가 만약 취하여 읽는다면, 아마도 멀리 가고 높이 오르는 데 작은 도움이 될 것이다.

순희 기유년〔1189〕 봄 3월 무신일에
신안(新安) 주희(朱熹)가 서문을 쓴다.

---

[33] 『집략(輯略)』: 즉 『중용집략(中庸輯略)』을 말한다. 석돈의 『중용집해』를 주희가 산정한 책이므로 석돈의 저술이라고 할 수 있을 것이다. 이 책은 『중용장구』가 통행되면서부터 점차 사라졌다가 명나라 가정(嘉靖 : 1522~1566) 연간에 발견·간행되어 현존한다.
[34] 『혹문(或問)』: 즉 『중용혹문(中庸或問)』이다. 주희는 원래 〈사서〉의 장구와 집주를 저술하고 나서, 제가(諸家)의 견해를 취사 선택한 취지를 밝히기 위해 문답 형식의 글을 지어 보완하였는데 이것이 『사서혹문(四書或問)』이다. 『사서혹문』 가운데 주희가 가장 힘을 쏟은 책은 『대학혹문』이고, 스스로 가장 불만스러워한 책이 『중용혹문』인데 결국 수정하지 못했다.

제1편 하늘과 인간, 그리고 중용의 길

주희는 『중용』을 33장으로 나누고 이 33장 전체를 다시 1장~11장 · 12장~20장 · 21장~32장 · 33장의 네 부분으로 구분하였다. 주자의 이 구분은 논리 그 자체보다는 논리의 전개 과정에 따라 나눈 것인데, 논리나 주제를 기준으로 나눈 것보다 정밀하다. 『중용』의 논리를 명료하게 정리하기가 쉽지 않고, 주제도 단락을 구분하여 찾아내기가 어렵기 때문이다. 그러므로 이 책에서는 주희의 구분에 따라 부분을 나누고 편의상 제1편 · 제2편 · 제3편 · 제4편이라는 이름을 붙였다.

제1편은 주희의 견해에 따르면, 자사가 1장에서 심법(心法)의 요체를 서술하고 이하 2장부터 11장까지 열 개의 장에서는 공자의 말씀을 인용하여 1장의 대의를 부연 설명하였다.

이 편에서는 하늘이 부여해 준 착한 본성을 타고 난 인간에게는 도덕적으로 살아가야 할 사명이 있음을 밝히고, 그렇게 사는 길이 바로 중용의 실천임을 말하였다. 아울러 공자의 말씀 가운데 중용과 관계된 내용을 인용하여 중용의 함의와 실천의 방법까지 다양하게 설명하였다.

제1장

1

天命之謂性이요,
천명지위성

하늘이 명하여 준 것을
본성이라고 하고,

率性之謂道요,
솔성지위도

본성을 따라가는 것을
도(道)라고 하고,

脩[35]道之謂敎니라.
수 도지위교

도를 〔실천하도록〕 다듬는 것을
교육이라고 한다.

道也者는
도야자

도라는 것은

不可須臾[36]離也니,
불가수유 리야

잠시라도 떨어질 수 없는 것이니,

可離면 非道也라.
가리 비도야

떨어질 수 있다면 도가 아니다.

是故로 君子는
시고 군자

이런 까닭에 군자는

---

35 수(脩) : '수(修)'와 통용하여 쓰는 글자다. 일반적으로 '닦다'는 의미로 쓰이지만 여기서는 '다듬다·재단하다'는 의미로 쓰였다.
36 수유(須臾) : '극히 짧은 시간'을 말한다.

戒愼乎其所不睹하며, 계 신 호 기 소 부 도	보지 않을 때도 경계하고 근신하며,
恐懼乎其所不聞이니라. 공 구 호 기 소 불 문	듣지 않을 때도 두려워한다.
莫見乎隱이며, 막 현 호 은	드러나지 않는 그 자리보다 더 잘 드러나는 곳은 없고,
莫顯乎微니 막 현 호 미	나타나지 않는 그 자리보다 더 잘 나타나는 곳은 없다.
故로 君子는 고 군 자	그러므로 군자는
愼其獨也니라. 신 기 독 야	나만이 아는 마음의 움직임을 조심한다.

   주희의 성리학은 맹자의 성선설을 논리의 큰 줄기로 삼고 있다. 순자(荀子)처럼 사람의 본성이 악하다고 하면 성리학은 설 땅이 없어진다. 그러므로 송유(宋儒)들은 맹자를 공자 다음 가는 성인〔아성(亞聖)〕으로 떠받들고, 순자는 돌아보지도 않는다. 인성에 대한 『중용』의 기본 입장은 맹자와 같다. 주희의 말대로 자사가 『중용』을 짓고, 맹자는 자사의 제자의 제자라서 그런가?
   맹자는 하늘이 인간을 내실 때부터 하늘의 도덕적 의지를 인간에게 부여하였다고 여겼다. 『중용』도 마찬가지다. 『중용』과 맹자와 성리학자들에게 하늘은 자연물이 아니다. 올바른 이치〔의리(義理)〕를 주재하는 도덕의 하늘이다. 그 하늘이 인간이 태어날 때 명한 것이 성(性)이다. 임금이

신하에게 벼슬을 주는 것도 명(命)이라고 하니 임금이 신하에게 벼슬을 주듯 하늘이 인간에게 성(性)을 주었다는 것이다. 주는 입장에서 보면 '명'이지만 받는 입장에서는 부여되었기 때문에 '부(賦)'이다. 인간은 하늘로부터 성을 부여받은 것이다.

의리를 주재하는 하늘이 인간에게 성을 주었다면 그 성이 악할 리가 없다. 그러나 인간에게는 태어날 때부터 감각적 욕망이 있다. 맹자 때부터 이것도 성이라고 생각하였다. 성리학자들은 이것은 하늘이 준 성이 아니라 육체가 만들어지면서 기질의 작용으로 생겨난 성이라고 생각하여 기질지성(氣質之性)이라고 하였다. 인간의 감각적 욕구가 다 부정적인 것은 아니듯이 기질지성도 나쁜 것은 아니다. 다만 선악의 가능성을 다 가지고 있어 좀 불안하다. 그래서 하늘이 준 성으로 기질의 성을 잘 다스려 나가야 한다. 이 하늘이 준 성을 본연지성(本然之性)이라고 하였다. 그래서 원문을 번역할 때, 그냥 성이라고 하지 않고 '본성'이라고 하였다.

하늘이 본성을 주었기 때문에 인간은 도덕적 실천을 위한 인자(因子)를 가지게 되었다. 그러므로 이 본성대로 살아가기만 하면 바른 사람이 된다. 그러므로 본성대로 사는 것이 인간이 가야 할 길[도(道)]인 것이다. '도'라는 단어는 한마디로 번역하기 어렵다. 서양인들도 도를 'the true way of life(삶의 바른 길)' 등으로 번역해 사용하다가 요즈음은 그냥 발음을 빌려 'Tao'라고 한다. 도의 기본적인 개념은 길이다. '도로'는 눈앞에 놓인 보이는 길이지만 '도'는 보이지 않지만 가야 할 길이다. 천하 만물에게는 모두 이 도가 있다. 그러므로 사람은 사람의 길을 가야 하고 동물은 동물의 길을 가야 한다. 사람이 사람의 길을 가지 않으면 사람이 아니다.

그럼 무엇이 사람이 가야 하는 길인가? 정답은 없다. 대답하는 사상가마다 말이 다르다. 성리학자들은 그 길이 올바른 이치[의리]라고 하였다. 좀더 추상적으로 그냥 이치[리(理)]라고 하였다. 이치대로 사는 것이 사람이 갈 길이라는 것이다. 그럼 이제는 이치가 무엇인지를 알아야 한다. 부모에게는 어떤 이치가 있고 자식에게는 어떤 이치가 있는가를 철저하게 파고들어가야 한다. 이것이 '궁리(窮理)'다. 궁리의 결과로 자식에게 때로는 엄하게 때로는 자애롭게 대하는 것이 부모의 이치라는 것을 알게 되고, 부모에게 효도하는 것이 자식의 이치라는 것을 알게 된다. 알았으면 실천하면 된다. 이것이 갈 길이다.

그런데 이 이치는 나의 밖에 있는 것이 아니다. 적어도 인간이 가야 하는 길로서의 이치는 모두 나의 본성에 다 들어 있다. 양명학자들은 인간뿐만 아니라 우주만물의 이치가 다 내 마음속에 있다고 하였지만, 이 문제는 접어두자. 성리학자든 양명학자든 인간이 가야 하는 도덕적 당위(當爲)의 이치는 모두 나의 본성 안에 있다고 한다. 그래서 본성대로 살기만 하면 저절로 자애로운 부모가 되고 효성스런 자식이 된다. 그러나 사람들은 궁리를 하지 않아서 본성이 무엇인지 모른다. 혹 알더라도 세상의 잡다한 유혹으로 기질의 성이 기승을 부려 바르게 살지 못한다. 제 길을 못 가는 것이다. 이때 제 길을 가도록 바로잡아 주는 것이 교육이다. 유가가 생각하는 교육은 글자 한 자 더 가르치고 수학 공식 하나 더 가르치는 것이 아니다. 물론 그러한 지식도 가르쳐야 되지만 그것은 말단적인 교육이다. 교육의 본질은 제 길을 못 가는 사람을 제 길 가도록 다듬어 주는 것이다.

15자로 이루어진 짧은 문장이지만 참으로 큰 말이다. 하늘과 인간·도(道)와 성(性)·교육의 본질 등 하나하나가 철학의 대주제들인데 몇 마디 말로 이들의 본질과 상호관계를 설파해 버렸다. 동양의 선철(先哲)들은 참으로 생각이 깊었다.

다음 단락에서는 인간이 가야 할 길, 즉 도를 좀 풀어서 설명하고 있다. 사람들은 '도'라는 말을 듣게 되면 우리의 생활과는 무관한, 어렵고 형이

상학적이고 골치 아픈 그 어떤 것이라고 생각한다. 그러나 『중용』의 저자는 이런 선입견을 한 칼에 잘라낸다. 도는 우리하고 늘 붙어 다닐 뿐만 아니라, 심지어 우리하고 붙어 다니지 않는 것은 도가 아니라고 한다. 무슨 말인가? 도는 저 높이 하늘 위에, 사상가의 말들 속에, 책 속에 있는 것이 아니라 우리의 일상 속에 있다는 말이다. 아침이 되면 일어나고 저녁이 되면 자는 것도 도이고, 배고프면 밥 먹고 목마르면 물 마시는 것도 도라는 말이다. 그러나 배가 고프다고 과식하고 목이 마르다고 물을 너무 많이 마시면 배탈이 난다. 적당히 먹고 적당히 마셔야 한다. 이것이 밥 먹고 물 마시는 도다. 이러면 또 골치 아파진다. 일거수일투족에 다 도가 있다면 그때마다 무엇이 도인가를 생각하라는 말인가? 그렇지 않다. 우리가 생각은 늘 한다. 그러므로 늘 하는 생각을 하되 '도가 무엇인가?' 하고 심각하게 생각할 필요는 없다. 다만 주어진 상황에서 가장 올바른 행동이 무엇인가 생각하면 된다. 큰 일이면 조금 많이 생각하고 작은 일이면 순간의 생각으로 족하다. 그래서 스스로 생각한 바른 행동을 하면 된다. 그것이 도이며 길이다.

여기서 『중용』의 저자는 한 걸음 더 나아간다. 보지 않을 때도 경계하고, 듣지 않을 때도 두려워하라고 한다. 남이 보고 듣지 않을 때도 조심하라는 정도의 말이 아니다. 대부분의 사람은 남의 이목을 두려워할 줄 안다. 남의 이목이 무서워서 마음에 없는 선한 행동을 하기도 한다. 그러므로 남의 이목이 있을 때만 조심할 것이 아니라 남이 없을 때도 근신하라는 말로 오해할 수도 있다. 그러나 『중용』의 이야기는 그것이 아니다. 보고 듣는 주어는 자신이다. 내가 아직 보지도 듣지도 않았을 때라는 말은 내가 사물과 접하지 않았을 때라는 말이다. 위에서 이야기한 일상의 도는 일상에서 사물이나 상황과 접하였을 때 올바른 길을 가라는 말이었다. 그러나 여기서 이야기하는 도는 상황이 아직 발생하지 않았을 때 가야 할 바른 길이다. 상황이 발생하지 않았는데 해야 할 행동이 있는가?

이것은 나의 마음자리를 두고 하는 말이다. 마음은 구체적인 상황에서만 움직이는 것이 아니다. 가만히 앉아 있을 때도 마음이 움직인다. 마음이 움직여 뜻이 되는데, 움직이는 그 순간에 올바른 뜻이 되도록 하라는 말이다. 이것이 『대학』에서 이야기하는 '성의(誠意)'다. 내 마음이 움직일 때 다른 사람은 모른다. 그러나 나는 안다. 알아도 분명히 안다. 바른 뜻인지, 그른 뜻인지를. 드러나지 않는 그 자리, 나타나지 않는 그 자리가 바로 이 자리다. 나만이 아는 그 자리이다. 나는 분명히 알기 때문에 그 자리보다 더 잘 드러나고 더 잘 나타나는 곳이 없다는 것이다. 그러므로 군자는 이 자리를 조심하는 것이다. 행동을 바르게 할 뿐만 아니라 마음이 움직일 때부터 바르게 되도록 조심하는 것이다. 이것이 신독(愼獨)이다. 일반이 오해하듯이 신독이라는 것이 혼자 있을 때 행동을 조심하라는 정도의 말이 아니다. 유가의 도덕적 엄밀성은 진도가 훨씬 더 나가 있다.

　이러고 보면, 위의 "도라는 것은 잠시라도 떨어질 수 없다"는 말은 일상에서 늘 바른 길을 가라는 말일 뿐만 아니라, 한 생각 움직이는 마음자리에서부터 도에서 어긋나지 말라는 말이다. 그것이 사람이라면 가야 하는 길이라는 것이다. 참으로 어렵고 무서운 말이다.

2

喜怒哀樂之未發을
_{희 노 애 락 지 미 발}

기쁘고 노엽고 슬프고 즐거운
감정이 움직이지 않았을 때를

謂之中이오,
_{위 지 중}

중(中)이라고 하고,

發而皆中[37]節을
_{발 이 개 중 절}

움직여 절도에 맞는 것을

謂之和니, 위 지 화	화(和)라고 하니,
中也者는 중 야 자	중이라는 것은
天下之大本也요, 천 하 지 대 본 야	천하의 큰 근본이며,
和也者는 화 야 자	화라는 것은
天下之達道也니라. 천 하 지 달 도 야	세상 어디에나 통하는 도이다.
致中和면 치 중 화	중과 화를 지극히 하면
天地가 位焉하며, 천 지 위 언	천지가 제자리를 잡고,
萬物이 育焉이니라. 만 물 육 언	만물이 잘 길러지게 된다.

    희로애락은 감정이다. 감정이 희로애락뿐인 것은 아니지만 희로애락으로 인간의 모든 감정을 포괄하여 이야기한 것이다. 성리학자들은 이 감정을 정(情)이라고 하였다. 정은 마음이 움직여 성(性)이 밖으로 드러난 것이다. 마음이 움직이지 않았을 때는 성(性)으로 충만해 있다가 사물에 감촉되어 정이 생겨나는 것이다. 그러므로 성은 마음의 체(體)요, 정은 마음의 용(用)이다. 본성은 하늘로부터 받은 것이다. 그러므로 순선무악(純善無惡)하다. 이 순선무악한 본성이 나의 마음속에 가득 차 있다. 그

---

37 중(中) : 여기서의 '중'은 '가운데'라는 말이 아니고 '맞다·적중하다'의 의미이다.

러므로 어느 한쪽으로 치우치거나 기울지 않으니〔불편불의(不偏不倚)〕 바로 '중(中)'이다. 이것은 성인이나 범부나 마찬가지다. 모두 하늘이 부여한 본성을 가지고 있기 때문이다. 그러므로 천하의 큰 근본인 것이다. 성인의 본성과 범부의 본성이 다르다면 근본이 될 수 없다.

성이 밖으로 드러나 정이 되는데, 이 정은 정도를 지나치기가 쉽다. 본성은 원래 선한 것이지만 기질(氣質)에 의하여 생겨난 기품(氣稟)과 인간의 감각적 욕망〔인욕(人欲)〕이 작용하여 조절이 잘 안 되기 때문이다. 그러므로 절도에 맞지 않게 된다. 노하지 않아야 할 일에 노하기도 하고, 3분의 1쯤 노해야 되는데 3분의 2쯤 노하기도 한다. 모두 절도에 맞지 않은 것이다. 이것을 절도에 맞도록 해야 한다. 쉬운 일이 아니지만 그러하도록 노력해야 한다. 그래서 절도에 맞게 된 상태를 '화(和)'라고 한다. 조화를 이루었다는 말이며, 어떤 기준에 부합되었다는 말이다. 어쨌든 화가 되면 어떤 상황 어떤 자리에서도 걸림이 없다. 그래서 달도(達道)인 것이다. '달'은 '통(通)'의 의미이다. 어디서나 통한다는 말이다.

그런데 중과 화는 정도가 있다. 성인과 범부가 다 같이 성을 받아 태어났기 때문에 천하의 큰 근본인 중의 상태에 있지만, 군자는 이 성을 손상시키지 않기 위해 자기 수양을 게을리 하지 않는다. 혹 손상이 있게 되면 다시 기르고 늘 완벽한 상태를 유지하고자 한다. 이것이 존양(存養)의 공부(工夫)[38]다. 범부도 감정이 절도에 맞을 때가 있다. 그러나 늘 그런 것은 아니다. 늘 그런 것이 아닌 것을 늘 그러하도록 노력해야 한다. 성찰(省察)의 공부를 해야 하는 것이다. 정의 발현이 늘 화의 상태로 이루어지는지를 반성하고 살펴야 한다는 말이다. 존양성찰의 공부를 통해서 완

---

[38] 공부(工夫) : 원래 노력과 시간을 쏟아 어떤 일을 하거나, 이러한 과정을 거쳐 얻게 된 결과나 조예를 의미하는 말이었다. 그러나 송대의 성리학자들은 이 말을 도덕적 실천과 수양을 의미하는 용어로 즐겨 사용하였다.

벽한 상태의 중이 지속되고 항상 화가 이루어지는 것을 '치중화(致中和)'라고 한다. '치'는 지극한 상태로 만든다는 말이다. 중화가 지극한 상태로 계속 유지된다는 말이다.

  완벽한 중이 이루어졌을 때 천지가 제자리를 잡고, 완벽한 화가 이루어졌을 때 만물이 잘 길러지게 된다고 하였다. 나의 치중화와 천지만물이 무슨 관계인가? 유가의 이론으로는 나와 천지만물은 본래 한 몸〔일체(一體)〕이었다. 공자는 원래 개체로서의 인간이 아니라 공동체 구성원으로서의 인간에 주목하며 인(仁)과 예(禮)를 강조하였다. 사람이 혼자 살면 인도 필요 없고 예도 필요 없다. 나와 남이 어울려 조화로운 공동체를 영위하기 위해 내면의 덕성인 인이 필요하였고, 행위의 규범인 예가 필요하였던 것이다. 그러므로 나와 남은 별개의 개체가 아니라 유기적으로 연결된 하나의 인자(因子)들이었다. 이 관념이 점차 확대되면서, 인간과 인간만이 아니라 천지만물과 나는 하나라는 관념이 형성된 것이다. 그러므로 나의 치중화가 천지의 위(位)와 만물의 육(育)을 이룰 수 있는 것이다. 좀더 구체적으로 이야기하면, 내가 완벽한 중화를 이룰 때 나의 부모와 나의 임금과 나의 배우자와 나의 형제와 나의 벗들이 모두 제자리에서 제 역할을 다하게 된다는 말이다. 이것이 수신을 통한 제가·치국·평천하이며, 치중화를 통한 천지위언(天地位焉)·만물육언(萬物育焉)인 것이다. 『논어』에서도 공자가 "〔내가〕 하루를 극기복례하면, 천하가 인으로 돌아간다(一日克己復禮, 天下歸仁焉)"고 하지 않았던가!

제2장

1

仲尼曰
중니왈

중니(仲尼)³⁹가 말씀하셨다.

君子는 中庸이오,
군자   중용

"군자는 중용(中庸)을 실천하고,

小人은 反中庸이니라.
소인   반중용

소인은 중용과 반대로 행동한다."

君子之中庸也는
군자지중용야

군자가 중용을 실천한다는 것은

君子而時中이오,
군자이시중

군자의 덕을 갖추고서 상황에
적절하게 행동하는 것이고,

小人之中庸也⁴⁰는
소인지중용야

소인이 중용과 반대로
행동한다는 것은

---

39 중니(仲尼) : 공자의 자(字)이다. 일반적으로 윗사람의 자는 부를 수 없는 것으로 알려져 있지만, 옛 사람들은 윗사람의 자를 거리낌없이 사용하였다. 윗사람의 자를 함부로 부르지 못하게 된 것은 남송(南宋) 이후의 일이다. 만약 자사가 이 말을 인용하였다면, 제자들이 '선생님께서 말씀하시기를'하는 뜻으로 '자왈(子曰)'이리고 한 것과 달리 '할아버지인 중니께서 말씀하시기를'하는 뜻으로 좀더 친근하게 '중니왈'이라고 하였는지 모를 일이다.
40 주희는 정이의 견해를 따라 이 구절의 '之'와 '中' 사이에 '反'자가 빠진 것으로 보았다.

小人而無忌憚也니라.
소 인 이 무 기 탄 야

소인의 마음으로 거리낌없이
〔함부로〕 행동하는 것이다.

    이제 이 책의 제목인 '중용'이라는 단어가 나왔다. 주희는 '중'을 치우치지도 기울지도 않고〔불편불의(不偏不倚)〕, 지나침도 모자람도 없다〔무과불급(無過不及)〕는 뜻이라고 하였다. 두 구절이 동어반복처럼 보이지만 주희는 문자를 낭비하는 사람이 아니다. 이 두 구절에는 각각의 의미가 있다. 전자는 1장에서 본 천지의 큰 근본으로서 내 마음속에 미발(未發)의 상태로 있을 때의 중이다. 근본이기 때문에, 내 마음속에서 움직이지 않고 있기 때문에 치우침도 기울어짐도 없는 것이다. 후자는 사물이나 상황을 만나 내 마음이 이미 움직인〔이발(已發)〕 상태에서, 지나치거나 모자라지 않게 세상 어디서나 통하는 도리〔달도(達道)〕로 처신하는 것을 말한다. 전자가 중의 체(體)라면, 후자는 중의 용(用)이다. 그러므로 중은 중간 지점에서의 적당한 타협이 아니다. 물건을 사면서 나는 100원을 주려 하고 상인은 300원을 달라고 할 때 200원을 주고 사는 것이 중용이 아니다. 유가가 이야기하는 중은 '극(極)'이다. 용(用)을 가지고 이야기하자면, 주어진 상황에서 최선의 행동, 더 이상 올바를 수 없는 '지선(至善)'의 행동이 바로 중이다.

    주희는 '용(庸)'을 평상(平常)이라고 하였다. 평범〔평(平)〕하다는 말이며 바뀌지 않는다〔상(常)〕는 말이다. 진리는 평범한 데 있다는 말이 있다. 누구나 알고 행하는 그 가운데 있는 길〔도(道)〕, 그래서 늘 그러하므로 바뀌지 않는 진리가 바로 '용'이다. 두 단어의 의미를 조합해 보면, '일상(日常)에서의 지선(至善)'이 바로 중용이다.

    군자는 바로 이렇게 산다. 매일 매일의 일상들에서 올바른 길을 찾아 최선을 다하며 산다. 소인은 그렇게 살지 않는다. 그렇게 살지 못하는 것이 아니라 그렇게 살지 않는다. 하늘이 준 착한 성(性)을 가지고 태어났기에 그렇게 살 수 있는데 그렇게 살지 않는 것이다. 왜 그런가? 존양성찰(存養省察)의 노력을 하지 않아 덕을 기르지 못했기 때문이다. 원문의 '君子而'·'小人而'의 '而'는 조건을 말한다. 군자의 조건은 무엇인가? 덕이다. 군자의 덕을 갖추고 나서 시중(時中)을 하는 것이 군자가 중용을 하는 방법이다. 소인에게는 군자의 덕이 없으니 소인의 마음뿐이다. 소인의 마음으로 기탄없이 하는 것이 소인의 '반중용(反中庸)'이다. '시중(時中)'은 무엇인가? 때에 따라 중용을 하라는 말이다. 나아가 벼슬할 상황이면 나아가고, 물러나 자신을 가꿀 때면 물러나는 것이 시중이다. 때를 아는 지혜는 덕에서 나온다. 소인은 덕을 기르지 않았기 때문에 '때'를 모르고 상황과 관계없이 함부로 행동한다. 소인도 가끔은 우연히 상황에 적절한 행동을 하는 수가 있다. 그러나 이것은 중용이 아니다. 군자의 덕이 없기 때문이다. 그래서 '而'는 조건이다.

제3장

1

子曰
자 왈

中庸은 其至矣乎인저!
중 용　　　기 지 의 호

民鮮能이 久矣니라.
민 선 능　　　구 의

공자가 말씀하셨다.

"중용은 참으로 지극하도다!

잘 실천하는 사람이 드물어진 지가 오래되었다."

　이 구절은 『논어』에도 나온다. 다만 글자의 출입이 좀 있다. '其 ~ 乎!'는 감탄의 극한이다. 몹시 감탄스러울 때 상용하는 표현이다. 공자가 생각하기에 중용은 참으로 위대한 군자의 길이라는 말이다. 이렇게 위대한 중용을 실천하는 군자가 눈에 보이지 않는다는 개탄이다. 짧은 문장이지만 느낌은 깊다.

제4장

1

子曰
자 왈

道之不行⁴¹也를
도 지 불 행 야

我知之矣로라.
아 지 지 의

知者는 過之하고,
지 자   과 지

愚者는 不及也니라.
우 자   불 급 야

道之不明也를
도 지 불 명 야

공자가 말씀하셨다.

"도를 실천하지 않는 이유를

나는 안다.

지혜로운 사람은 너무 똑똑해서 〔실천할 만한 것이 못 된다고 여기고〕

어리석은 사람은 〔지혜가〕 모자라서 〔실천하는 방법을 모르기〕 때문이다.

도를 분명하게 알지 못하는 이유를

---

41 도지불행(道之不行): '도'는 목적어이고 '행'은 타동사이다. 한문은 목적어가 동사의 뒤에 오는 것이 원칙이지만 목적어를 강조하고자 할 경우엔 이를 도치시키고 조사 '지(之)'나 '시(是)'를 사이에 둔다. 이 문장을 가지고 이야기하자면 '不行道'를 '道之不行'으로 도치시킨 것이다. 일반적으로 이 문장을 '도가 행하여지지 않는다'라고 해석해 왔지만 아래 문장과 연결되어 뜻이 분명하게 드러나지 않기 때문에 번역을 달리 하였다. '道之不明'도 마찬가지다. 이때의 '명'은 명백하게 안다는 뜻이다.

我知之矣로라. _{아 지 지 의}	나는 안다.
賢者는 過之하고, _{현 자 과 지}	어진 사람은 〔실천을〕 지나치게 중시하여 〔알 필요가 없다고 여기고〕
不肖者는 不及也니라. _{불 초 자 불 급 야}	어질지 못한 사람은 〔실천력이〕 모자라서 〔알려고 하지 않기〕 때문이다.
人莫不飮食也언마는 _{인 막 불 음 식 야}	마시고 먹지 않는 사람이 없지만
鮮能知味也니라." _{선 능 지 미 야}	맛을 잘 아는 사람은 드물다."

  공자는 늘 도가 사라졌다고 탄식한다. 아마 요순시대에 태어났더라도 그러했을 것이고, 이 시대에 태어나도 그럴 것이다. 공자의 기준은 높고 역사상 완벽한 시대는 없었기 때문이다.
  지혜로운 사람과 어리석은 사람, 어진 사람과 어질지 못한 사람의 갈림길은 후천적인 기질(氣質)이다. 착한 본성은 선천적으로 같이 타고 났으나 기질로부터 받은 자질이 다르기 때문이다. 똑똑한 사람은 도를 실천할 필요가 없다고 여기고, 어리석은 사람은 실천하는 방법을 몰라서 도를 실천하지 못한다. 어진 사람은 실천만을 중시하여 도를 알려고 하지 않고 어질지 못한 사람은 어차피 실천하지 않을 것이기 때문에 알려고도 하지 않는다. 그래서 도를 실천하지 못하고 도를 알지 못하게 되는 것이다. 모두 중용의 도리를 모르고 지키지 않는 탓이다.

마지막 문장의 비유가 맛깔스럽다. 사람들은 주림을 면하고 갈증을 면하려고 그냥 먹고 마실 뿐 음식의 오묘한 맛은 모른다고 했다. 공자다운 말이다. 공자는 감각이 무척 예민했던 사람이다. 훌륭한 음악을 듣고 석 달 동안 고기 맛을 잊을 정도였다. 음식을 먹으면서도 맛을 모르듯, 도는 우리 곁에 늘 있는데 사람들은 도가 뭔지 모르고 산다. 부자간에도 도가 있고 형제간에도 도가 있다. 그러나 자식은 부모에게 효도하되 늘 지나치거나 모자라고, 부모는 지나치게 엄격하거나 지나치게 자애로우며, 형을 공경하되 제대로 공경하지 못하고, 동생을 사랑하되 제대로 사랑할 줄 모르고 산다. 그래서 지나치지도 모자라지도 않는 중용의 도를 실천하기가 어렵다.

제5장

1

子曰
자 왈

공자가 말씀하셨다.

道其不行矣夫인저!
도 기 불 행 의 부

"도가 진정 행하여질 수 없겠구나!"

윗 문장을 받아서 또 깊은 탄식을 하고 있다. '其 ~ 矣夫' 역시 몹시 감탄하거나 깊이 탄식할 때 쓰는 구문이다. 도를 분명하게 알지 못하니 행할 수 없는 것이다.

제6장

1

子曰
자 왈

舜은 其大知也與[42]신저!
순   기 대 지 야 여

舜이
순

好問而好察邇言하시되,
호 문 이 호 찰 이 언

隱惡而揚善하시며,
은 악 이 양 선

執其兩端하사
집 기 양 단

用其中於民하시니,
용 기 중 어 민

공자가 말씀하셨다.

"순 임금은 참으로 지혜로운
분이시구나!

순 임금은

묻기를 좋아하고 평범한 말도
살피기 좋아하셨지만,

악한 말은 숨겨주고 착한 말은
드러내 밝히셨으며,

양 극단의 말을 잘 헤아려

가장 적절한 것을
백성들에게 쓰시니,

---

42 여(與) · 후대의 '여(歟)'와 같은 글자로 문장 끝에서 의문이나 감탄을 나타내는 조사이다.

其斯以爲舜乎신저!
기 사 이 위 순 호

이것이 순 임금이 되신 까닭이로다!"

　'其 ~ 與!'·'其 ~ 乎!' 구문을 사용하여 감탄하고 있다. 순 임금은 몹시 지혜로운 사람이다. 이미 지혜가 모자라지 않음에도 불구하고 남에게 묻기를 좋아하였다. 남의 평범한 말 한 마디라도 놓치지 않고 그 말에 배울 바가 있는지를 살폈다. 보통의 지혜로운 사람은 그리하지 않는다. 자신의 지혜를 믿고 남들에게 묻기를 싫어한다. 남들이 하는 말도 잘 듣지 않는다. 그래서 순은 보통의 지혜로운 사람이 아니라 정말 큰 지혜를 가진 사람이다.

　순은 남의 말을 듣되 사리에 맞지 않는 말을 들으면 나무라지 않고 숨겨주었다. 그래야 이 사람은 부끄러워하지 않고 다음에 또 말하게 된다. 때로는 사리에 맞는 말도 하기 마련이다. 사리에 맞는 말을 들으면 다른 사람에게 자랑하였다. 이 사람은 더욱 신이 나서 좋은 말을 많이 하게 된다. 그래서 순의 곁에는 항상 바른 말을 하는 사람이 득실득실하였다. 때로는 한 가지 사안을 두고 양 극단의 두 가지 말을 듣기도 한다. 순 임금은 지혜로운 사람이다. 그 말들의 진실성의 정도를 안다. 그러므로 가장 적절하게, 중용의 도를 찾아 처리한다. 이렇게 백성을 다스리니 성군이 되지 않을 수 없다. 순은 참으로 지혜롭고 위대한 인물이었던가 보다. 순 임금을 예로 들면서 지자(智者)의 중용에 대해 말하였다.

제7장

1

子曰
자 왈

공자가 말씀하셨다.

人皆曰予知로되,
인 개 왈 여 지

"사람마다 모두 자신이
지혜롭다고 하지만

驅而納諸⁴³罟擭陷阱之中
구 이 납 저 고 확 함 정 지 중

그물과 덫이나 함정으로 몰아넣어도

而莫之知辟⁴⁴也하며,
이 막 지 지 피 야

피할 줄을 알지 못하며,

人皆曰予知로되,
인 개 왈 여 지

사람마다 모두 자신이
지혜롭다고 하지만

擇乎中庸
택 호 중 용

중용을 택하여

而不能期月⁴⁵守也니라.
이 불 능 기 월 수 야

한 달도 지키지 못한다."

---

43 저(諸) : 조사로서 '之於'의 합성어이다. 음은 '저'이다.
44 피(辟) : '避'의 가차자이다. '피하다'는 뜻이다.
45 기월(期月) : 달이 주기, 그래서 한 달이다

위의 문장을 받아서 세상 사람들이 자신을 똑똑하다고 여기면서 중용을 실천할 줄 모르는 것을 탄식하였다. 정말 지혜로운 사람은 사물의 이치를 변별할 줄 한다. 그래서 자신에게 위험이 닥칠 것을 사리에 비추어 알고 중용을 지켜 미리 피하는 것이다. 더 나아가서는 늘 중용을 지켜 아예 위험이 닥칠 일을 만들지 않는다. 그러나 자신이 지혜롭다고 자부하는 사람들이 한 달도 중용을 지켜가지 못한다. 우리네 보통 사람들의 삶이 대체로 그러하다. 그래서 동양의 선인(先人)들은 이 책을 읽으면서 중용의 길을 찾아 지켜가고자 노력하였다.

제8장

1

子曰
자 왈

공자가 말씀하셨다.

回之爲人也
회 지 위 인 야

"안회의 사람됨은

擇乎中庸하여
택 호 중 용

중용을 택하여

得一善則拳拳服膺[46]
득 일 선 즉 권 권 복 응

한 가지 착함을 얻으면 가슴 속에 잘 간직하여

而弗失之矣니라.
이 불 실 지 의

잃어버리지 않는다."

  공자가 몹시 아끼는 제자 안회가 중용을 잘 실천하였음을 찬탄한 문장이다. 공자는 늘 '도가 행해지지 않는다'거나 '중용을 잘 지키지 못한다'거나 하면서 탄식만 하였다. 그렇게 까다롭고 기준이 높았던 공자가 칭찬하는 것을 보면 안회는 정말 대단한 인물이었던가 보다. 중용을 지키는 것은 그리 특별한 것이 아니다. 계속 이야기해 온 것처럼 우리 일상에서 중용은 늘 실천할 수 있는 것이다. 일상에서 우연히 타인의 작은 미덕을 보면 기뻐하며 나도 그처럼 하면 된다. 하되 한번쯤 흉내내고 말 것이 아

---

[46] 권권복응(拳拳服膺) : '권권'은 소중히 간직하는 모습이고, '복'은 간직한다는 말이며, '응'은 가슴이다.

니라 평생을 두고 하여야 한다. 작은 미덕들이 이렇게 쌓이면 어느덧 늘 사리에 맞는 행동을 하게 되는 것이다. 보통 사람들은 그냥 보고 한번 칭찬하고 마는데 안회는 권권복응하는 것이다. 이것이 어렵다. 참으로 어렵다. 안회를 예로 들면서 인자(仁者)의 중용에 대해 말하였다.

제9장

1

子曰
자 왈

天下國家도 可均也며,
천 하 국 가   가 균 야

爵祿도 可辭也며,
작 록   가 사 야

白刃도 可蹈也로되,
백 인   가 도 야

中庸은 不可能也니라.
중 용   불 가 능 야

공자가 말씀하셨다.

"천하와 국가도 공평하게
다스릴 수 있으며,

벼슬과 녹봉도 사양할 수 있으며,

날이 선 칼날도 밟을 수 있지만,

중용은 실천할 수 없다."

위의 문장을 받아 중용이 참으로 어려움을 비유적으로 설명하였다. 칼날을 밟고 설 수 있는 용기 있는 사람들은 더러 있다. 벼슬과 녹봉은 사람마다 원하는 것이지만 분에 넘치는 것을 사양할 줄 하는 청렴한 사람도 있다. 더 나아가서는 나라와 세상을 사심 없이 공평하게 다스리는 유능한 정치가도 있다. 모두 쉬운 일은 아니지만 그렇게 하는 사람들이 간혹은 있다. 용기와 청렴함과 공평함을 지켜 나가는 이런 일들도 상황에 가장 적합한 중용일 수는 있다.

그러나 중용의 본질은 내 마음자리에 있다. 나만이 아는 마음의 움직임에 부끄러움이 없어야 한다. 위의 일들은 남이 모두 보고 아는 일들이다.

그래서 남들이 모두 용기 있다고 청렴하다고 유능하다고 칭찬한다. 그러나 남들이 모르는 그 마음자리에 부끄러움이 있다면 진정한 중용이 아니다. 물론 마음자리에 부끄러움 없이 이런 일을 할 수 있다면 역시 중용의 실천이다. 공자는 그 마음자리를 돌아보기가 어려움을 말한 것이다. 주희는 이 세 가지 일은 어렵지만 쉬운 일이고, 중용은 쉽지만 어려운 일이라고 하였다. 특별한 일들이기 때문에 어렵지만 쉽고, 일상이기 때문에 쉽지만 어려운 것이다. 말이 매섭다.

제10장

1

子路가 問强한대,
자로 문강

자로(子路)⁴⁷가 강함에 대하여
물었다.

子曰
자 왈

공자가 말씀하셨다.

南方之强與아?
남 방 지 강 여

"남쪽 사람들의 강함을 묻는가,

北方之强與아?
북 방 지 강 여

북쪽 사람들의 강함을 묻는가,

抑⁴⁸而⁴⁹强與아?
억 이 강 여

아니면 네가 강해지고
싶은 것을 묻는가?

寬柔以敎요
관 유 이 교

너그럽고 부드럽게 가르쳐주며

不報無道는
불 보 무 도

무도함에 대하여
보복하지 않는 것은

---

47 자로(子路) : 성명은 중유(仲由)이고 자로는 그 자이다. 공자보다 아홉 살 적어 공자의 제자 가운데 가장 나이가 많았다. 강직하고 과감하였으며, 정치적 능력이 뛰어났던 것으로 알려져 있다.
48 억(抑) : 문장의 의미 전환에 주로 사용하는 표현으로 '도리어'·'그렇지 않다면'의 뜻이다.
49 이(而) : 2인칭 대명사로 '너'라는 뜻이다.

南方之强也니,
남방지강야

君子居之니라.
군자거지

衽金革하여
임금혁

死而不厭은
사이불염

北方之强也니,
북방지강야

而强者居之니라.
이강자거지

故로 君子는
고 군자

和而不流하나니,
화이불류

强哉矯[50]여!
강재교

中立而不倚하나니,
중립이불의

强哉矯여!
강재교

남쪽 사람들의 강함이니,

군자는 이렇게 처신한다.

무기와 갑옷을 깔고 누워

죽게 된다 하더라도
싫어하지 않는 것은

북쪽 사람들의 강함이니,

강경(强勁)한 사람은
이렇게 처신한다.

그러므로 군자는

조화를 이루되 휩쓸리지 않으니,

강하도다 굳셈이여!

가운데 서서 기울어지지 않으니,

강하도다 굳셈이여!

---

50 교(矯) : 강하고 굳센 모양이다.

國有道_{국유도}에	나라가 바르게 다스려질 때라도
不變塞⁵¹焉_{불변색 언}하나니,	어려울 때 지키던 뜻을 바꾸지 않으니,
強哉矯_{강재교}여!	강하도다 굳셈이여!
國無道_{국무도}에	나라가 바르게 다스려지지 못할 때에
至死不變_{지사불변}하나니,	죽음에 이르더라도 〔지조를〕 변치 않으니,
強哉矯_{강재교}여!	강하도다 굳셈이여!

    자로는 공자의 제자 가운데 가장 성격이 과격하고 용맹이 뛰어났던 제자였다. 그러므로 강함에 대하여 물은 것이다. 공자는 이 질문을 기회로 자로에게 진정한 강자의 도리를 말해 주며 그렇게 처신할 것을 권유하였다.
    중국은 황하 유역을 중심으로 한 북방과 양자강 유역을 중심으로 한 남방의 기질적 차이가 컸다. 북방은 기후가 한랭하고 산물이 적어 생존을 위해 사람들이 강인하였으며, 남방은 기후가 온화하여 이모작이 가능하

---

51 색(塞) : '막혔다'는 뜻이니, 여기서는 '막혔던 때', 즉 '곤궁할 때'를 말하고 '불변색(不變塞)'은 곤궁할 때 지켜온 지조를 변화시키지 않는다는 말이다.

고, 그러므로 물산이 풍부하여 사람들이 비교적 여유로웠다. 환경의 차이가 기질의 차이를 가져온 것이다. 공자는 이 객관적인 기질의 차이를 주관적으로 평가하였으니 원래 평가의 대상이 아닌 것을 평가한 셈이다. 아마 자로의 지나치게 과격한 단점을 바로잡아 주기 위함이었을 것이다. "그러므로 군자는" 이하의 문장이 공자가 자로에게 권유하는 강자의 모습이다. 군자는 사람들과 조화를 이루되, 휩쓸려 파당을 만드는 일을 하지 않는다. 공정한 자리에 우뚝 서서 불편부당하기 때문에 힘이 생기는 것이다. 이런 힘은 비록 불우한 시절이라 하더라도 자신의 지조를 지켜나갈 수 있게 한다. 비록 죽음이 닥치더라도 자신이 지키던 올바른 도를 버리지 않는다. 운수가 순환하여 나라에 도가 있게 되면, 다시 말해서 나라가 바르게 잘 다스려지는 시절이 되면 군자는 세상에 나아가 경륜을 펼친다. 자신의 뜻대로 세상을 다스려갈 수 있는 득의의 시절이 된 것이다. 사람은 득의하게 되면 변하기를 잘 한다. 불우한 시절에 애써 지켜온 가치들도 득의한 시절에는 잊어버리기 쉽다. 그러나 군자는 불우한 시절이나 득의한 시절이나 변함이 없다. 늘 중용의 그 자리에 우뚝 서 있는 것이다. 진정한 강자이다. 자로의 질문에 대한 공자의 대답을 통하여 용자(勇者)의 중용에 대해 말하였다.

제11장

1

子曰
자 왈

공자가 말씀하셨다.

素[52]隱行怪를
색 은 행 괴

"궁벽한 이치를 찾고 괴이한 일을 하는 것을

後世有述焉하나니,
후 세 유 술 언

후세 사람들이 〔칭찬하여〕 말하지만

吾弗爲之矣로라.
오 불 위 지 의

나는 그렇게 하지 않는다.

君子가 遵道而行하다가
군 자   준 도 이 행

군자가 바른 길을 따라가다가

半途而廢하나니,
반 도 이 폐

중도에서 그만두는 경우가 있는데

吾弗能已矣로라.
오 불 능 이 의

나는 그만둘 수 없다.

君子依乎中庸하여
군 자 의 호 중 용

군자는 중용을 따라 〔행동하여〕

---

[52] 소(素) : 주희를 비롯한 대부분의 학자들이 『한서(漢書)·예문지(藝文志)』에서 이 구절을 인용하며 '索隱行怪'라고 기록한 근거를 들어 자형(字形)의 비슷함에서 온 '색(索)' 자의 오기라고 보았다.

遯[53]世不見知而不悔하나니,
　돈　세 불 견 지 이 불 회

세상을 피해 살면서 알아주지
않더라도 후회하지 않으니,

唯聖者能之니라.
　유 성 자 능 지

오직 성인만이 그리할 수 있다."

　남들과 다른 신기한 이론을 말하기를 좋아하고, 남들이 하지 않는 특별한 행동을 하기 좋아하는 사람들이 있다. 우리 주변에도 이런 사람들이 종종 있다. 모두 중용을 벗어난 짓이다. 중용은 평범한 일상 속에 있을 뿐, 신기하고 특별한 가운데 있는 것이 아니기 때문이다. 어떤 사람들은 중용이 무엇인지를 알고 실천하려고 하지만 힘이 부족하여 중도에 그만두기도 한다. 참된 군자라고 하기 어렵다. 그러므로 진정한 군자는 항상 묵묵히 중용을 실천하며 세상의 평판에 귀 기울이지 않는다. 공자가 아마 자신의 이야기를 하고 있는 듯하다. 오직 성인만이 그리할 수 있다고 하면서.

---

53 돈(遯) : 둔(遁)자와 같은 자이지만, 음은 '돈'과 '둔'으로 다르게 읽는다.

제11장

1

子曰
자 왈

공자가 말씀하셨다.

素⁵²隱行怪를
색 은 행 괴

"궁벽한 이치를 찾고 괴이한 일을 하는 것을

後世有述焉하나니,
후 세 유 술 언

후세 사람들이 〔칭찬하여〕 말하지만

吾弗爲之矣로라.
오 불 위 지 의

나는 그렇게 하지 않는다.

君子가 遵道而行하다가
군 자 준 도 이 행

군자가 바른 길을 따라가다가

半途而廢하나니,
반 도 이 폐

중도에서 그만두는 경우가 있는데

吾弗能已矣로라.
오 불 능 이 의

나는 그만둘 수 없다.

君子依乎中庸하여
군 자 의 호 중 용

군자는 중용을 따라 〔행동하여〕

---

52 소(素) : 주희를 비롯한 대부분의 학자들이 『한서(漢書)・예문지(藝文志)』에서 이 구절을 인용하며 '索隱行怪'라고 기록한 근거를 들어 자형(字形)의 비슷함에서 온 '색(索)' 자의 오기라고 보았다.

遯⁵³世不見知而不悔하나니,　　세상을 피해 살면서 알아주지
돈 세 불 견 지 이 불 회　　　　않더라도 후회하지 않으니,

唯聖者能之니라.　　　　　　　오직 성인만이 그리할 수 있다."
유 성 자 능 지

　남들과 다른 신기한 이론을 말하기를 좋아하고, 남들이 하지 않는 특별한 행동을 하기 좋아하는 사람들이 있다. 우리 주변에도 이런 사람들이 종종 있다. 모두 중용을 벗어난 짓이다. 중용은 평범한 일상 속에 있을 뿐, 신기하고 특별한 가운데 있는 것이 아니기 때문이다. 어떤 사람들은 중용이 무엇인지를 알고 실천하려고 하지만 힘이 부족하여 중도에 그만두기도 한다. 참된 군자라고 하기 어렵다. 그러므로 진정한 군자는 항상 묵묵히 중용을 실천하며 세상의 평판에 귀 기울이지 않는다. 공자가 아마 자신의 이야기를 하고 있는 듯하다. 오직 성인만이 그리할 수 있다고 하면서.

---

53 돈(遯) : 둔(遁)자와 같은 자이지만, 음은 '돈'과 '둔'으로 다르게 읽는다.

제2편 어디에나 있는 도(道)

　제2편은 주희의 견해에 따르면, 자사가 12장에서 1장의 '도는 떨어질 수 없다〔도불가리(道不可離)〕'는 뜻을 거듭 밝히고 이하 13장부터 20장까지 8개의 장에서 공자의 말씀을 인용하기도 하면서 12장의 대의를 부연 설명하였다고 한다.

　12장에서는 '도의 쓰임이 넓다〔비(費)〕'는 개념을 가지고 평범한 곳에서부터 지극히 큰 일에까지, 잘 드러나지 않아서〔은(隱)〕 성인조차 알 수 없는 일에까지 도의 두루 있음〔편재(遍在)〕을 말하였다. 그러므로 '비'는 제2편의 핵심 개념이다. 13·14·15장은 평범한 곳에서의 도, 즉 개인과 가정·사회에서 구현되어야 하는 일상의 도를 말하였다. 17·18·19장에서는 지극히 큰 일, 즉 성왕(聖王)이 천하를 다스리는 일에 있는 도를 말하였다. 대부분의 내용이 덕을 갖춘 성왕들이 자신의 덕을 바탕으로 왕업을 이루고 제도를 정비한 내용이다. 큰 일과 작은 일의 사이에 있는 16장이 좀 애매하다. 공자가 귀신에 대하여 한 말씀을 실어 두었는데, 공자와 주희의 귀신에 대한 이해가 다르고, 현대인들의 인식이 또 그들과 다르기 때문에 현대적 의미로 해석하기가 쉽지 않다. 언뜻 보면 성인조차도 알 수 없는 일의 일단으로 넣어 둔 듯도 하지만 귀신의 존재를 『중용』 전체의 핵심 개념인 '성(誠)'이라고 하고 있으니 아닌 듯도 하다. 마지막 20장은 전체가 노나라 애공(哀公)의 정치에 대한 질문에 공자가 한 대답이다. 개인의 수신부터 국가의 경영까지 많은 이야기들이 실려 있는데 이 모든 일들의 본질은 성(誠)이라고 결론지어 제3편으로 연결되도록 하였다. 주희는 20장이 도의 널리 쓰임과 미묘함, 크고 작음을 모두 포괄하여 12장의 뜻을 종결지었다고 하였다.

제12장

1

君子之道는
군자지도

군자의 도는

費⁵⁴而隱이니라.
비   이은

쓰임이 넓으면서도
잘 드러나지 않는다.

夫婦之愚로도
부부지우

〔보통의〕 부부처럼
어리석은 사람도

可以與⁵⁵知焉이로되,
가이여 지언

함께 알 수 있지만,

及其至也하여는
급기지야

그 지극함에 이르러서는

雖聖人이라도
수성인

비록 성인이라 하더라도

亦有所不知焉하며,
역유소부지언

역시 알지 못하는 부분이 있다.

---

54 비(費) : 원래 '재화를 소비한다'는 뜻이다. 주희는 재화가 쓰이듯 군자의 도가 쓰이는 것이라고 보고 "쓰임이 넓은 것〔용지광(用之廣)〕"이라고 해석하였다.
55 여(與) : 여기서는 '참여하다·간여하다'의 뜻이다. 보통 사람들도 도에 관계되어 알 수 있다는 의미인데, 여기서는 '함께'라고 번역하였다.

夫婦之不肖로도
부부지불초

[보통의] 부부처럼 어질지 못한 사람도

可以能行焉이로되,
가이능행언

실천할 수 있지만

及其至也하여는
급기지야

그 지극함에 이르러서는

雖聖人이라도
수성인

비록 성인이라고 하더라도

亦有所不能焉하며,
역유소불능언

역시 실천할 수 없는 부분이 있다.

天地之大也에도
천지지대야

하늘과 땅처럼 위대한 존재에게도

人猶有所憾이니,
인유유소감

사람들은 오히려 서운해할 일이 있는 것이다.

故로 君子
고   군자

그러므로 군자의 [도는]

語大인댄
어대

크기로 말하면

天下가 莫能載焉이요,
천하   막능재언

천하도 실어낼 수 없고,

語小인댄
어소

작기로 말하면

天下가 莫能破焉이니라.
천하   막능파언

천하도 깨뜨릴 수 없다.

군자의 도는 중용의 도다. 군자가 가야 할 길은 중용의 길이라는 말이다. 중용의 길은 앞에서 보아왔듯이 우리 일상 어디에나 있는 것이다. 그러므로 부부처럼 어리석은 사람도 알고 실천할 수 있다는 말이다. 부부는 필부필부(匹夫匹婦)의 의미다. 특별할 것이 없이 만나서 자식 낳고 그저 그렇게 평범하게 사는 사람들이다. 그들도 무엇이 사람 사는 도리인지를 알아서, 어른 섬기고 자식 사랑하며 산다는 말이다. 그러나 이것만이 중용의 도는 아니다. 넓이로 보자면 안과 밖이 없고 크기로 보자면 크고 작음이 없다. 삼라만상 어디에나 군자가 가야 할 중용의 길이 있기 때문에 그 오묘한 부분은 성인이라 하더라도 다 알고 다 실천할 수 없다. 성인만이 다 알지 못하고 다 행하지 못하는 것이 아니라 만물을 덮어주고 실어주는 천지조차도 때로는 추위와 더위의 시절을 어기는 등 질서에 어긋나 보이기도 하는 것이다. 그래서 사람들은 가뭄이 들면 하늘을 원망하고, 홍수가 나면 땅을 원망한다. 도는 흠결이 없지만 때로는 흠결이 있어 보이니 그러한 까닭을 알지 못하기 때문이다. 성인이라고 하더라도 하늘이 가뭄이 들게 한 까닭을 모르듯이 도는 미묘하여 잘 드러나지 않는 것이다.

크기로 비유해서 설명하자면 천하의 넓음으로도 이 도를 다 실을 수 없고, 작기로 설명하자면 천하의 무게로도 이 도를 깨뜨릴 수 없다. 깨뜨릴 수 없다는 것은 더 이상 쪼갤 수 없다는 말이니, 더 이상 쪼갤 수 없이 작다는 말이다. 인간이 발견한 물질의 최소 단위를 소립자라 하고, 이 소립자의 기본 구성자를 쿼크(quark)라고 하던가? 쿼크에 또 내부 구조가 있다면 여기에도 도〔원리·법칙〕가 있다는 것이다.

2

詩云,
시 운

『시』[56]에서 이르기를,

鳶飛戾天이어늘
연 비 려 천

"솔개는 날아 하늘에 이르고

魚躍于淵이라 하니
어 약 우 연

물고기는 연못에서 뛰어오른다"
하였으니,

言其上下察⁵⁷也니라.
언 기 상 하 찰 야

〔이치가〕 아래위에서 밝게
드러남을 말한 것이다.

　　『시경』의 이 구절은 원래 솔개가 날면 하늘에 이르고 물고기가 뛰면 연못에서 나오듯이 덕 있는 군자는 세상에 쓰인다는 뜻이었다. 그러나 『중용』의 저자는 이 시구에서 천하만물이 충만한 도의 유행(流行) 속에서 본래의 성품대로 살아가는 모습을 보고 있다. 솔개는 하늘을 나는 것이 본성이고, 물고기는 물에서 뛰어오르는 것이 본성이다. 1장에서 말한 것처럼 본성에 따라〔솔성(率性)〕 제 길〔도(道)〕을 가고 있는 솔개와 물고기에서 도가 두루 있음〔편재(遍在)〕을 본 것이다. 그래서 하늘과 땅 어디에서나 이치가 드러나 있다고 말한 것이다. 시구를 자의적인 뜻으로 인용한 단장취의(斷章取義)지만 뜻은 깊다.

3

君子之道는
군 자 지 도

군자의 도는

---

56 「시」: 『시경』의 「대아(大雅)·한록(旱麓)」편이다.
57 찰(察): 여기서는 '살핀다'는 뜻이 아니고 '드러난다'는 뜻이다.

造端乎夫婦니,　　　　　〔평범한〕 부부로부터 시작되지만
조 단 호 부 부

及其至也하여는　　　　그 지극함에 이르러서는
급 기 지 야

察乎天地니라.　　　　　하늘과 땅에 밝게 드러난다.
찰 호 천 지

    그러므로 군자의 도는 부부에서 시작한다. 인간관계에서 가장 가까운 관계가 부부다. 부부는 촌수가 없다고 하지 않던가! 더 이상 가까울 수 없는 부부 사이에도 도가 있는 것이다. 그러나 그것이 도의 전부는 아니다. '조단(造端)'이라는 말은 단서를 만든다는 말이니 시작한다는 말이다. 부부 사이는 도의 시작일 뿐이다. 여기서부터 잘해야 한다. 여기서부터 잘해야 부자·형제·붕우·군신의 도가 이루어지고 급기야는 천지간에 그 도가 드러나게 되는 것이다. 그래서 우리의 선조들은 부부 사이를 참 어렵게 여겼다.

    결론적으로 12장에서는 부부와 천지를 넘어서는 도의 두루 있음〔편재(遍在)〕과 성인의 지혜를 넘어서는 도의 미묘함을 말하였다. 참 어렵다. 13장부터 20장까지는 12장에 대한 해설이다.

제13장

1

子曰
자 왈

공자께서 말씀하셨다.

道不遠人하니,
도 불 원 인

"도는 사람에게서 멀리 떨어져 있지 않다.

人之爲道而遠人이면
인 지 위 도 이 원 인

사람이 도를 실천한다면서 사람의 길을 멀리하면

不可以爲道니라.
불 가 이 위 도

도라고 할 수 없다.

詩云,
시 운

『시』[58]에서 이르기를,

伐柯伐柯여!
벌 가 벌 가

'도끼자루 자르네,
도끼자루 자르네!

其則不遠이라 하니,
기 칙 불 원

그 법이 멀리 있지 않구나!'
하였으니

---

[58] 「시」: 『시경』의 「빈풍(豳風)·벌가(伐柯)」편이다.

執柯以伐柯하되
집 가 이 벌 가

도끼자루를 잡고
도끼자루를 자르면서

睨⁵⁹而視之하고
예 이 시 지

제대로 보지 않고

猶以爲遠하나니
유 이 위 원

오히려 〔규격의 기준이〕
멀리 있다고 여긴다.

故로 君子는
고   군 자

그러므로 군자는

以人治人하다가
이 인 치 인

사람의 도리로써 〔사람의 도리에
어긋난〕 사람을 다스려

改而止니라.
개 이 지

〔잘못을〕 고치면 그만두는 것이다.

忠恕가 違道不遠하니,
충 서   위 도 불 원

충(忠)과 서(恕)가 도에서
멀지 않으니,

施諸己而不願을
시 저 기 이 불 원

자신에게 하기를 원하지 않는 것을

亦勿施於人이니라.
역 물 시 어 인

다른 사람에게 하지 말아야 한다.

君子之道가 四에
군 자 지 도   사

군자의 도가 네 가지가 있으나

---

59 예(睨) : 흘겨보거나 무관심하게 보는 것이다.

丘^60 未能一焉이로니,
구 미능일언

나는 아직 한 가지도 잘하지 못한다.

所求乎子로
소 구 호 자

자식에게 바라는 것으로

以事父를
이 사 부

부모 섬기는 일을

未能也하며,
미 능 야

아직 잘하지 못하며,

所求乎臣으로
소 구 호 신

신하에게 바라는 것으로

以事君을
이 사 군

임금 섬기는 일을

未能也하며,
미 능 야

아직 잘하지 못하며,

所求乎弟로
소 구 호 제

아우에게 바라는 것으로

以事兄을
이 사 형

형 섬기는 일을

未能也하며,
미 능 야

아직 잘하지 못하며

所求乎朋友로
소 구 호 붕 우

벗에게 바라는 것으로

先施之를
선 시 지

먼저 베푸는 일을

---

60 구(丘) : 공자의 이름이다.

| 未能也로니,
  _{미 능 야} | 아직 잘하지 못한다. |

| 庸德之行[61]하며
  _{용 덕 지 행} | 일상에서 올바른 덕을 실천하며 |

| 庸言之謹하여,
  _{용 언 지 근} | 일상에서 올바른 말을 하도록 조심하여, |

| 有所不足이어든
  _{유 소 부 족} | 〔실천에〕 부족함이 있으면 |

| 不敢不勉하며,
  _{불 감 불 면} | 감히 힘쓰지 않을 수 없고 |

| 有餘어든 不敢盡하여,
  _{유 여   불 감 진} | 〔말이〕 넘침이 있으면 감히 다하지 않아, |

| 言顧行하며
  _{언 고 행} | 말은 행동과 부합하고 |

| 行顧言이니,
  _{행 고 언} | 행동은 말과 부합하여야 한다. |

| 君子 胡不慥慥爾리오!
  _{군 자 호 불 조 조 이} | 군자가 어찌 독실하지 않을 수 있으랴!" |

---

61 용덕지행(庸德之行) : 이 구문은 '庸德'이 목적어이고 '行'이 동사인데 도치시키면서 어조사 '之'가 들어간 것이다. 아래의 용언지근(庸言之謹)도 마찬가지다. '용덕'은 일상에서 실천하여야 할 덕이다.

이 장은 우리가 일상에서 실천해야 할 도에 대한 말씀들이다. 성인도 알지 못하고 행하지 못하는 미묘한 도가 아니라 평범한 사람도 노력하면 실천할 수 있는 도를 말한 것이다. 그러므로 첫 마디가 "도는 사람에게서 멀리 떨어져 있지 않다"는 말이다. 사람이 도를 실천한다고 하면서 일상을 벗어난 심오한 이론이나 추구하며 일상을 팽개친다면, 이것은 제대로 된 도가 아니다. 비유하자면 도끼자루를 만들기 위해 나무를 자르는 사람이 어느 정도 굵기와 길이로 잘라야 하는지는 그 나무를 자르기 위해 손에 잡고 있는 도끼의 자루를 보면 안다. 그러나 그 자루 돌아볼 줄은 모르고 기준이 없어서 못 하겠다고 하는 것과 같다. 일상에서 행해지는 도를 늘 보면서 그것이 도인 줄을 모르고 멀리서 찾는 것이다. 군자가 사람을 다스릴 때도 그 사람이 알 수 있고 할 수 있는 도리로 깨우쳐야 한다. 부모에게 효도하지 않는 사람을 효도하도록 타일러 효도하게 되면 그만두는 것일 뿐, 우주가 어떻게 생겨났는지를 모른다고 책망하며 반드시 알도록 강요할 필요는 없는 것이다.

이런 일상의 도리를 한 마디로 하면 아마 충(忠)과 서(恕)쯤으로 요약될 것이다. 충은 자신의 최선을 다하는 것이다. 임금에게 올바른 도리로 최선을 다하는 것도 충이고, 부모에게 최선을 다하는 것도 충이며, 친구에게 최선을 다하는 것도 충이다. 서는 나의 마음으로 남의 마음을 헤아리는 것이다. 내가 원하지 않는 것을 남에게 강요하지 않는 것이다. 내가 하기 싫은 일은 남도 하기 싫을 터이기 때문이다. 충과 서 이상의 일상의 도는 없다.

여기서 공자는 자신의 이야기로 돌아가 다시 한 번 일상에서의 실천을 강조한다. 모두 충과 서에 대한 말이다. 내가 아랫사람에게 바라는 마음으로 윗사람에게 하지 않았으니 서도 되지 못했고 충도 되지 못한 것이다. 겸손한 말로써 사람을 깨우치고 있다. 아울러 한 마디 덧붙인다. 열심히 실천하고 말을 아끼라고. 그래서 말과 행동이 늘 부합하는 독실한 군자가 되라고. '고(顧)'는 돌아본다는 뜻이다. '言顧行'은 말은 행동을 돌아보고 하라는 말이니, 실천할 자신이 있는가 생각해 보고 말하라는 것이다. '行顧言'은 행동은 말을 돌아보고 하라는 말이니, 나의 행동이 내가 한 말과 어긋나지 않는지 생각해 보고 하라는 말이다. 그래서 부합한다고 번역하였다.

제14장

1

君子는 素⁶²其其位而行이오
군 자   소 기 위 이 행

不願乎其外니라.
불 원 호 기 외

素富貴하여는
소 부 귀

行乎富貴하며,
행 호 부 귀

素貧賤하여는
소 빈 천

行乎貧賤하며,
행 호 빈 천

素夷狄하여는
소 이 적

行乎夷狄하며,
행 호 이 적

素患難하여는
소 환 난

군자는 처지에 알맞게 행동하고

그 밖의 것은 원하지 않는다.

부귀한 처지에 있으면

부귀함에 맞게 행동하고,

빈천한 처지에 있으면

빈천함에 맞게 행동하고,

오랑캐 땅에 있으면

오랑캐 땅에 맞게 행동하고,

환난을 당하여서는

---

62 소(素) : '~을 바탕으로'·'~에 근거해서'의 뜻이다. 주희는 '지금 있는 그 처지'라는 뜻으로 '현재(現在)'라고 주석을 붙였다.

行乎患難이니,
행 호 환 난

환난에 맞게 행동한다.

君子는
군 자

〔그러므로〕 군자는

無入而不自得焉이니라.
무 입 이 부 자 득 언

어떤 상황에 처하더라도 스스로 득의(得意)하지 않음이 없다.

在上位하여
재 상 위

윗자리에 있으면서

不陵下하며,
불 릉 하

아랫사람을 무시하지 않고,

在下位하여
재 하 위

아랫자리에 있으면서

不援上이요,
불 원 상

윗사람에게 매달리지 않으니,

正己而不求於人이면
정 기 이 불 구 어 인

나를 바르게 하여 남에게 구하지 않으면

則無怨이니,
즉 무 원

〔저절로〕 원망하는 마음이 생기지 않을 것이다.

上不怨天하며
상 불 원 천

〔그러므로〕 위로는 하늘을 원망하지 않고

下不尤人이니라.
하 불 우 인

아래로는 사람을 허물하지 않는다.

| 故로 君子는 | 그러므로 군자는 |

居易以俟命하고,　　〔처지에 맞게〕 평이하게 처신하며
　　　　　　　　　　천명을 기다리고,

小人은　　　　　　　소인은

行險以徼幸이니라.　 위태롭게 행동하며 요행을
　　　　　　　　　　바라는 것이다.

　군자의 중용은 늘 일상에서 이루어진다. 일상은 그가 처한 상황이다. 부유하고 존귀한 처지에 있으면, 그 부유함으로 은혜를 베풀고 존귀함으로 미천한 사람을 사랑할 줄 안다. 빈천하여도 그러하고, 야만스런 곳에서도 그러하고, 어려운 일을 겪더라도 그러하다. 어떠한 상황에서도 중용을 잃지 않는다. 그러므로 지위가 높다고 하여 아랫사람을 무시하지 않고, 지위가 낮더라도 윗사람이 나의 출세를 도와주기를 바라지 않는다. 서 있는 그 자리가 바로 중용을 구현할 마당인 것이다. 그러므로 원망이 없다. 나는 왜 나를 도와줄 사람이 없는가 하고 탄식하지 않는다. 하늘은 왜 나에게 이런 큰 시련을 주시는가 하고 원망하지 않는다. 어려우면 어려운 대로 최선의 행동을 찾아 할 뿐이다. 소인은 그렇지 않다. 어려우면 올바르지 않은 방법을 찾아서라도 그 어려움을 벗어나려 한다. 그래서 항상 위태위태하다. 위태로운 짓을 하면서 요행으로 피해 가기를 원한다. 그러나 군자는 어려운 상황에 부닥치면 올바른 최선의 방법을 찾아 그 어려움을 타개하려 할 뿐, 소인처럼 굴지 않는다. 그러므로 군자의 처신은 항상 쉽다. 그 자리에서 그 상황에 맞게 하면 되기 때문이다. 그러나 그것이 몸시 어렵다.

2

子曰
자 왈

공자가 말씀하셨다.

射有似乎君子하니,
사 유 사 호 군 자

"활쏘기는 군자의 도리와
유사한 점이 있다.

失諸正鵠이어든
실 저 정 곡

과녁을 맞히지 못하면

反求諸其身이니라.
반 구 저 기 신

돌이켜 자신에게서〔그 원인을〕
찾는다."

    위 단락을 받아서 공자의 말로 요약하였다. 공자가 제자를 가르치는 과목에는 활쏘기가 포함되어 있었다. 전쟁터에 나가서 이기고 돌아오라고 가르친 것이 아니다. 활쏘기를 통해 군자의 도리를 가르친 것이다. 화살이 과녁에 적중하지 못하면 활 쏘는 사람은 과녁이 잘못 놓였다고 나무라지 않는다. 나의 정신이 한곳으로 모아지지 않았구나 하고 반성한다. 내가 호흡을 조절하지 못하였구나 하고 반성한다. 나에게서 원인을 찾는 것이다. 군자가 과오를 범하고 나면 급히 자신을 반성하는 것과 같은 이치다. 그래서 군자들이 모여 사는 마을에서는 늘 활쏘기를 하였다. 향사례(鄕射禮)다.

제15장

1
君子之道는
군 자 지 도

군자의 도는

辟⁶³如行遠必自邇하며,
비 여 행 원 필 자 이

비유하자면 먼 곳을 가기 위해
반드시 가까운 곳에서부터
출발하는 것과 같으며,

辟如登高必自卑니라.
비 여 등 고 필 자 비

비유하자면 높은 곳을 오르기 위해
반드시 낮은 곳에서부터 시작하는
것과 같다.

詩曰
시 왈

『시』[64]에서

妻子好合이
처 자 호 합

"처자(妻子)와 잘 화합하는 것이

如鼓瑟琴하며,
여 고 슬 금

금(琴)과 슬(瑟)이 〔어울려〕
연주되듯 하고,

兄弟旣翕하여
형 제 기 흡

형제가 화목하여

---

63 비(辟) : '譬'의 가차자로서 '비유하다'는 뜻이다.
64 『시』: 『시경』의 「소아(小雅)·상체(常棣)」편이다.

和樂且耽이라. 화 락 차 담	화락하고 즐겁구나.
宜爾室家하며 의 이 실 가	네 집안 제대로 다스리고
樂爾妻帑라 하여늘, 락 이 처 노	네 처자식 즐겁게 하라" 하니
子曰 자 왈	공자가 (이를 해설하여) 말씀하셨다.
父母는 其順矣乎신저! 부 모 기 순 의 호	"부모님이 참으로 안락하시겠구나!"

군자가 가야 할 도리는 늘 가까이 있다. 때로는 고원한 도리를 탐색하여 도리를 찾기도 한다. 그러나 그렇다고 하여 일상의 도리를 팽개치고 고원한 도리를 찾는 것은 아니다. 일상은 군자의 출발점이다. 일상의 중용을 늘 돌아보면서 고원한 이치를 탐색한다. 먼 길은 가까운 길을 거치지 않고 갈 수 없으며, 높은 산도 낮은 곳에서부터 올라가야 하는 이치다. 『논어』에서 말하는 하학이상달(下學而上達)이다. 그러므로 군자의 도는 부부로부터 시작하는 것이다.

　가정은 일상의 출발점이다. 처자가 화목하고 형제가 화목하도록 하는 것이 군자의 출발점이다. 그러면 부모님이 기뻐하신다. 효(孝)가 멀리 있지 않다. 부모님이 나로 인해 기뻐하시면 그것이 효도인 것이다. 가족이 화목한 데서 공자는 효의 원리를 본 것이다. 금(琴)과 슬(瑟)은 각기 다른 두 가지 현악기다. 그런데 함께 연주하면 소리가 잘 어울렸다. 그래서 부부간에 금슬이 좋다는 말이 생겼다.

제16장

1

子曰
자 왈

공자가 말씀하셨다.

鬼神之爲德이
귀 신 지 위 덕

"귀신의 덕이

其盛矣乎신저!
기 성 의 호

참으로 성대하도다!

視之而弗見하며,
시 지 이 불 견

보려 해도 볼 수 없고,

聽之而弗聞이로되,
청 지 이 불 문

들으려 해도 들을 수 없지만,

體物而不可遺니라.
체 물 이 불 가 유

사물의 본체이므로 빼놓을 수 없다.

使天下之人으로
사 천 하 지 인

세상 사람들로 하여금

齊[65]明盛服하여
재 명 성 복

재계하고 깨끗이 하여 의복을
성대히 갖추어 입고

以承祭祀하고,
이 승 제 사

제사를 받들게 하여,

---

65 재(齊) : 음이 '제'가 아니고 '재'이다. 재(齋)와 같은 글자이다. '재계하다'는 뜻이다.

洋洋乎如在其其上하며
양 양 호 여 재 기 상

넘실넘실 가득 차 마치 그 위에 계신 듯하고,

如在其左右니라.
여 재 기 좌 우

마치 그 좌우에 계신 듯하다.

詩曰
시 왈

『시』[66]에서

神之格思[67]를
신 지 격 사

'신이 오심을

不可度[68]思온,
불 가 탁 사

예측할 수도 없나니

矧可射[69]思아!
신 가 역 사

하물며 싫어할 수 있으랴!' 하여

夫微之顯이니,
부 미 지 현

은미(隱微)한 것이 드러남을 말하였으니,

誠之不可揜이
성 지 불 가 엄

진실함〔성(誠)〕을 가릴 수 없음이

如此夫인저!
여 차 부

이와 같구나!"

---

66 『시』: 『시경』의 「대아(大雅)・억(抑)」편이다.
67 사(思): 의미 없는 어조사로 사용되었다.
68 탁(度): 음이 '도'가 아니고 '탁'이다. '헤아린다'는 뜻이다.
69 역(射): 음이 '사'가 아니고 '역'이다. '싫어한다'는 뜻이다.

이 말이 공자의 말이라면 좀 이상하다. 『논어』에서 공자는 자로(子路)가 귀신 섬기는 일에 대해 물었을 때, "사람 섬기기도 잘 못하는데, 어찌 귀신을 섬길 수 있으랴!" 하였고, 번지(樊遲)가 지혜로움에 대해 물었을 때, "귀신을 공경하되 멀리하면 지혜롭다고 하겠다" 하였다. 귀신에 대해 긍정적이지 않아 보인다. 그러나 여기서는 귀신의 덕에 대해 찬탄하고 있다. 그래서 이상해 보인다. 그러나 『논어』의 말들을 자세히 음미해 보면 공자가 귀신을 부정한 것이 아니다. 사람의 일과 귀신의 일이 다르기 때문에 혼동하지 말라는 말로 들린다. 자로에게 한 말은 사람의 일을 먼저 도리에 맞도록 하고 난 뒤에 귀신의 일을 생각하라는 말로 들리고, 번지에게 한 말은 귀신을 잘 다독거리되 너무 빠지지 말라는 말로 들린다.

이 시절의 사람들은 귀신을 정령(精靈, spirit)이라고 생각하였다. 형체를 가지고 존재하는 모든 사물에는 정령이 있다고 생각하였다. 나무에는 나무의 정령이 있고, 바위에는 바위의 정령이 있는 것이다. 이 정령은 초자연적인 존재로서 인간의 길흉화복에 영향을 끼친다. 지금까지도 그 유습이 남아 있는 정령신앙이다. 그러므로 사물의 본체라고 한 것이다. 그러나 이 정령을 지나치게 숭배하면 미신이 된다. 그래서 번지에게 멀리하라고 말한 것이다. 그러나 무시할 수는 없다. 원래 있는 것이라서 무시할 수 없고, 한편으로는 나의 길흉화복에 영향을 주기 때문에 무시할 수 없다. 그러므로 "빼놓을 수 없는" 존재인 것이다.

그들의 인식에 따르면, 사람도 만물의 인자(因子)이기에 이 정령이 있으며 죽더라도 이 정령은 쉽게 사라지지 않는다. 그래서 제사를 지낸다. 선조의 제사와 관련하여 공자가 조상신의 존재를 인정한 것인가의 여부를 두고 논의가 많다. 인정하지 않았다고 생각하는 사람들은 이성적이고 합리적인 공자가 귀신을 인정하였을 리 없다고 주장하며, 위에서 살펴본 『논어』의 두 구절과 함께 "마치 조상이 계신 듯이 여기고 제사지내라[제여재(祭如在)]"고 한 『논어』에 보이는 또 다른 공자의 말을 예로 든다.

없기 때문에 있는 듯이 여기라고 하였다는 것이다. 인정하였다고 생각하는 쪽도 점복과 제사를 중시한 고대의 문화를 계승하는 차원에서 정서적으로 인정하였을 뿐이라고 주장하며 대체로 공자의 이성적 합리성을 존중하고 있다.

그러나 위의 두 구절이 꼭 귀신을 부정한 말은 아니듯, "마치 조상이 계신 듯이 여기고 제사지내라"는 말도 반드시 귀신을 부정한 말은 아니다. 조상의 형체가 이곳에 계시지 않기 때문에, 즉 귀신은 눈에 보이지 않기 때문에 형체가 이곳에 계신 듯이 여기고 제사지내라는 말씀은 아닐까? 『중용』의 이 단락에서 "마치 위에 계신 듯"·"마치 좌우에 계신 듯"이라고 한 말씀과 마찬가지로. 『중용』의 이 단락은 귀신의 덕에 대한 찬탄으로 시작하여, 보이지도 않고 들리지도 않지만 넘실넘실 꽉 차 있다고 하였으니, 분명 인정한 것이다.

그러므로 송대의 유학자들은 무척이나 당혹스러웠다. 공자가 귀신의 존재를 믿다니! 성리학의 세례를 받은 우리나라 학자들도 당혹스럽기는 마찬가지였다. 그래서 나온 말들이 "귀신은 천지조화의 자취이다"라고 하거나, "음·양 두 기운의 운동 방식이다"라고 하는 따위의 말들이다. 주희는 여기서 한 걸음 더 나아가 "귀(鬼)는 음(陰)의 영(靈)이고, 신(神)은 양(陽)의 영인데, 하나의 기운으로 말하자면 나아가 펼쳐지는 기운은 '신'이고 돌이켜 되돌아오는 기운은 '귀'이다"라고 하였다. 귀는 음인 동시에 음의 운동이고 신은 양인 동시에 양의 운동일 뿐이라는 말이다. 결국 귀신은 음양이라는 말이다. 공자가 동의할지는 모르겠는데, 복잡한 문제이기 때문에 이쯤 해두자. 이 단락은 귀신의 덕을 찬탄하는 데 목적이 있는 문장이 아니기 때문이다.

공자는 도의 쓰임이 넓어, 은미하여 드러나지 않는 곳에까지 미침을 말하고자 한 것이다. 보이지도 들리지도 않는, 그래서 알기 어려운 영역까지 도가 미침을 말하고자 귀신을 예로 든 것일 뿐이다. 예로 들고 난 뒤,

『시경』을 한 구절 인용하고 결론을 맺는다. 귀신과 같이 은미한 것도 드러나는데, 그 이유는 '진실함'이기 때문이라고. 여기서 '진실함'이란 단어는 역자가 '성(誠)'을 편의상 옮긴 것에 불과하다. 주희는 진실에다 무망(無妄)이라는 단어를 덧붙여 '진실무망(眞實无妄)'이라고 하였다. 송대의 학자들도 성(誠)의 의미에 대해 고민하여 이청신(李淸臣 : 1032~1102)은 '속이지 않음〔불기(不欺)〕'으로 해석하고, 서적(徐積 : 1028~1103)은 '쉼 없음〔불식(不息)〕'으로, 정이는 무망(無妄)으로 해석하였는데, 주희가 이러한 견해들을 종합하여 진실무망이라고 한 것이다. 참되고 실다워 거짓이 없다는 말이다. 이제『중용』의 핵심 주제인 '성(誠)'으로 점점 다가가고 있다.

제17장

1

子曰
자 왈

舜은 其大孝也與신저!
순   기 대 효 야 여

德爲聖人이시고,
덕 위 성 인

尊爲天子시고,
존 위 천 자

富有四海之內하사
부 유 사 해 지 내

宗廟饗之하시며,
종 묘 향 지

子孫保之하시니라.
자 손 보 지

故로 大德은
고   대 덕

必得其位하며,
필 득 기 위

공자가 말씀하셨다.

"순 임금은 참으로 위대한
효자이시구나!

덕은 성인이시며,

존귀하기는 천자이시며,

부유하기는 온 세상을
소유하셨으며,

(돌아가시고 나서는) 종묘에서
제사를 흠향하시며,

자손을 보전하셨다.

그러므로 위대한 덕을 갖춘 사람은

반드시 그에 합당한 지위를 얻으며,

必得其祿하며,　　　　　반드시 그에 합당한 녹봉을 얻으며,
필 득 기 록

必得其名하며,　　　　　반드시 그에 합당한 명예를 얻으며,
필 득 기 명

必得其壽니라.　　　　　반드시 그에 합당한 수명을 얻는다.
필 득 기 수

故로 天之生物이　　　　그러므로 하늘이 만물을 살리심을
고　　천 지 생 물

必因其材而篤焉하나니,　반드시 그 재질에 따라
필 인 기 재 이 독 언　　　　두터이 하시니

故로 栽者를 培之하고,　그러므로 심어져 있는 것은
고　 재 자 　배 지　　　　북돋워주고

傾者를 覆之니라.　　　　〔스스로〕기울어진 것은
경 자 　복 지　　　　　　엎어버린다.

詩曰　　　　　　　　　　『시』[70]에서
시 왈

嘉樂君子의　　　　　　　'아름답고 즐거우신 군자여!
가 락 군 자

憲憲[71] 令德이　　　　　빛나고 빛나신 덕으로
현 현 　령 덕

---

70 『시』: 『시경』의 「대아(大雅)·가락(假樂)」편이다. 주희는 『시경』의 '가(假)'는 『중용』에 따라 '가(嘉)'로 보았다.
71 헌헌(憲憲): 『시경』에는 '현현(顯顯)'으로 되어 있는데, 주희는 『시경』이 옳다고 하였다.

宜民宜人이라, _{의 민 의 인}	백성과 신하들 편안케 하사,
受祿于天이어늘, _{수 록 우 천}	하늘로부터 [이미] 복록을 받으셨거늘
保佑命之하시고, _{보 우 명 지}	보우하고 천명(天命) 주시기를
自天申之라 하니라. _{자 천 신 지}	하늘에서 거듭거듭 하였다네' 하였으니
故로 大德者는 _{고 대 덕 자}	그러므로 위대한 덕을 갖춘 사람은
必受命이니라. _{필 수 명}	반드시 천명을 받는 법이다."

제3편의 앞 3장, 즉 13·14·15장은 일상에서의 실천을 통해 도의 작음을 이야기하였고, 16장에서는 귀신을 들어 도의 은미함을 말하였다면, 여기서부터 이하 세 개의 장은 성왕들의 행적을 통해 도의 큼을 말하고 있다. 나름대로 구성이 치밀하다.

순 임금의 효행에 대한 일화는 『맹자』를 비롯하여 여러 책에 전하고 있다. 계모와 친아버지의 학대로 살해의 위험에 빠지기도 했지만 끝내 자식된 도리를 다하였다는 내용들이다. 그런데 공자는 순은 그 정도의 효자가 아니라 위대한 효자라고 말하고 있다. 왜 위대한가? 존귀하고 부유하기가 천하의 으뜸이며, 종묘에 신주가 모셔져 받들어지고 자손들이 혈통을 잘 이어가게 하도록 하였기 때문이다. 입신양명의 극한에 도달한 것이다. 그래서 이런 글을 늘 읽어온 우리의 조상들은 자손이 입신양명하는 것이 효도라고 여겼고 아직도 이런 관념이 살아 있다. 쉽게 말하면 출세하는 것이 효도하는 길이라는 말이다.

그러나 지극히 세속적인 이 정도의 일을 두고 공자가 순을 칭찬하였을 리는 없다. 이 모든 세속적인 성취는 덕을 바탕으로 이루어져야 비로소 의미 있는 성취가 될 수 있다. 공자가 순을 위대한 효자라고 찬미한 뒤 성인의 덕을 갖추었음을 가장 먼저 말한 이유이다. 순은 힘으로써, 혹은 권모술수로써 천자가 된 것이 아니다. 성인의 덕을 먼저 갖추었기에 요 임금으로부터 천하를 물려받은 것이다. 하늘은 원래 만물을 해치지 않는다. 만물을 낳고 기르고 살려주고자 한다. 그러므로 스스로 뿌리를 내리고 자라고자 하면 북돋워준다. 그러나 스스로 잘못된 길을 가고 있으면 엎어버린다. 하늘은 스스로 돕는 자를 돕는 것이다. 그래서 덕을 갖춘 사람에게는 그에 합당한 지위와 복록과 명예와 수명을 준다. 정말 위대한 덕을 갖춘 사람에게는 천하도 준다. 그러므로 순은 천자가 된 것이다. 그리하여 위대한 효자가 된 것이다. 그럼 이 말을 하고 있는 공자는 덕이 모자랐던가? 그냥 성인도 아닌 지극한 성인〔지성(至聖)〕이라고 하는 공자는 왜 천자가 되지 못한 것일까? 유학자들의 설명이 구구하지만 생략한다.

이 단락은 덕에 대한 하늘의 보응을 필연적인 것으로 이야기한 것이라기보다는 덕치에 대한 강한 이념성을 드러낸 글로 보는 것이 좋을 것이다.

제18장

1

子曰
자 왈

공자께서 말씀하셨다.

無憂者는
무 우 자

"근심이 없으신 분은

其惟文王乎신저!
기 유 문 왕 호

오직 문왕이시로다!

以王季爲父하시고,
이 왕 계 위 부

왕계(王季)[72]를 아버지로 두시고

以武王爲子하시니,
이 무 왕 위 자

무왕을 아들로 두시어,

父作之어시늘
부 작 지

아버지는 일으키시고

子述之하시니라.
자 술 지

아들은 이어서 전하였다.

武王이
무 왕

무왕이

---

[72] 왕계(王季) : 문왕의 아버지인 계력(季歷)을 말한다. 고공단보(古公亶父)의 셋째아들인데 고공단보가 그의 아들인 문왕의 훌륭함을 보고 그를 계승자로 삼았다고 한다. 계력은 고공단보를 이어 왕업의 기틀을 다졌다. 주나라 건국 이후 주공이 그를 왕으로 추존하여 왕계라고 하였다.

纘大⁷³王王季文王之緒하사 태왕(太王)⁷⁴ · 왕계 · 문왕의
찬 태 왕 왕 계 문 왕 지 서 전통을 이어

壹戎衣而有天下하시되, 한 번 갑옷을 입고 천하를
일 융 의 이 유 천 하 차지하셨는데,

身不失天下之顯名하사 스스로 천하의 훌륭한 이름을
신 불 실 천 하 지 현 명 잃지 않아

尊爲天子시고, 존귀하기는 천자이시며,
존 위 천 자

富有四海之內하사 부유하기는 온 세상을
부 유 사 해 지 내 소유하셨으며,

宗廟饗之하시며, 종묘에서 제사를 흠향하시며,
종 묘 향 지

子孫保之하시니라. 자손을 보전하셨다.
자 손 보 지

武王이 末受命이어시늘, 무왕이 노년에 천명을 받으셨기에
무 왕 말 수 명

周公이 成文武之德하사 주공(周公)이 문왕과 무왕의 덕을
주 공 성 문 무 지 덕 완성하고자

---

73 대(大) : '태'로 읽는다.
74 태왕(太王) : 문왕의 할아버지인 고공단보이다. 빈(豳)으로부터 기산(岐山)으로 옮겨와 국호를 '주(周)'라 정하고 선정을 베풀어 주나라의 기초를 마련하였다. 주공이 태왕으로 추존하였다.

追王大王王季하시고,
추 왕 태 왕 왕 계

태왕과 왕계를 추존하여 왕으로 높이고

上祀先公以天子之禮하시니,
상 사 선 공 이 천 자 지 례

위로 선조들을 천자의 예로 제사지내시니

斯禮也가
사 례 야

이 예법은

達乎諸候大夫及士庶人하니,
달 호 제 후 대 부 급 사 서 인

제후와 대부 및 사(士)·서인(庶人)에게까지 적용된다.

父爲大夫요
부 위 대 부

[예컨대] 아버지가 대부이고

子爲士어든
자 위 사

아들이 사이면

葬以大夫요
장 이 대 부

대부의 예로 장례를 치르고

祭以士하며,
제 이 사

사의 예로 제사지내고,

父爲士요
부 위 사

아버지가 사이고

子爲大夫어든
자 위 대 부

아들이 대부이면

葬以士요
장 이 사

사의 예로 장례를 치르고

祭以大夫하며,	대부의 예로 제사지낸다.
期之喪은	기년상(期年喪)[75]은
達乎大夫하고,	대부에게까지 적용되고
三年之喪은	삼년상(三年喪)[76]은
達乎天子하니,	천자에게도 적용되니
父母之喪은	부모의 상은
無貴賤一也니라	귀천 없이 한가지이기 때문이다."

　　주나라의 건국과 문물제도의 정비 과정을 성왕들을 중심으로 서술하여 도의 쓰임이 넓고 큼을 말하였다. 주(周)라는 국호는 고공단보(古公亶父)에서 비롯되었다. 그가 융적(戎狄)의 침략을 피해 빈(豳)로부터 기산(岐山) 아래로 근거지를 옮기고 국호를 '주'로 정하고 왕업의 기초를 다졌다. 그에게는 아들이 삼형제가 있었는데 계력은 셋째아들이었다. 계력

---

[75] 기년상(期年喪) : 1년 동안 상복을 입어야 하는 상을 말한다. 상복을 입는 예법에 따르면 조부모의 상 등이 기년상인데, 대부는 국가의 일에 종사하여야 하기 때문에 기년상에 해당하는 상까지는 상복을 입고 근신하지만 기타 친척들의 상복은 입지 않는다는 말이다.
[76] 삼년상(三年喪) : 만 2년 동안 상복을 입어야 하는 상을 말하는데 부모의 상이 그러하다. 천자는 신분이 귀하고 국사를 총괄하여야 하므로 부모의 상에만 상복을 입고 조부모를 포함한 기타의 상에는 상복을 입지 않는다는 말이다.

의 아들인 문왕의 자질이 훌륭함을 보고 고공단보는 계력을 그의 후계자로 삼았는데, 계력은 아버지를 뒤를 이어 선정을 베풀어 주나라의 세력을 넓혀갔다. 계력의 뒤를 이은 문왕은 더욱 민심을 얻어 천하의 3분의 2를 차지함으로써 주나라 왕업의 실질적인 기초를 마련하였다. 그의 아들 무왕은 아버지가 마련한 기초를 토대로 상(商)을 정벌하여 드디어 천하를 차지하였다.

유가는 유위문화(有爲文化)를 지향한다. 도가의 무위자연(無爲自然)과 대비되는 개념이다. 도가는 인위를 거부하여 '저절로 그러한' 자연의 이법에 순응할 것을 강조하지만, 유가는 인위적인 노력을 통해 문화를 건설할 것을 주장한다. 그러나 훌륭한 문화는 하루아침에 이룩되는 것이 아니다. 오랜 기간의 계승과 발전의 과정을 거쳐 비로소 훌륭한 문화가 이룩되고, 이룩된 문화는 다시 계승을 통하여 후세로 연결되면서 더욱 원숙해지게 된다. 그러므로 유가는 문화의 출발점인 선조와 계승자인 후손을 소중히 여기면서 혈통에 대한 강한 집착을 보인다. 계승과 발전을 담보할 혈통이 온전하지 않으면 늘 마음이 편하지 못하고 혈통이 온전하면 시름을 놓을 수 있었다. 문왕은 선정을 베푼 아버지 계력의 전통을 이어, 자신이 다진 왕업을 완수할 무왕에게 그 전통을 전할 수 있었다. 그러므로 공자가 걱정 없는 분이라는 부러움 섞인 찬탄을 한 것이다.

무왕은 문왕을 비롯해 선조들이 다져놓은 왕업을 기초로 상(商)을 정복하여 천하를 차지하였다. 천하의 훌륭한 이름을 잃지 않았다는 표현은 순 임금처럼 선양을 통한 왕위의 계승이 아니라 무력으로 천하를 차지한 폄하의 뜻이 담겨있기도 하지만 근본적으로 무왕에게 천하를 차지할 만한 덕이 있었음을 말하는 것이기도 한다. 그러나 무왕은 상을 정복한 2년 뒤에 죽고 만다. 위대한 성덕(聖德)으로 국가의 기틀을 다질 겨를도 없이 죽고 만 것이다. 무왕이 죽고 난 뒤 성왕(成王)이 왕위를 계승하였으나 아직 어렸다. 이 시기에 성왕을 보좌하여 주나라 초기의 문물과 제도를 정비한 인물이 무왕의 동생 주공이다. 주공은 공자가 가장 존경했던 인물이고, 공자의 예(禮)에 대한 관념은 대체로 주공이 정비한 주나라 초기의 문화에 기초하고 있다. 공자 이후 2천 년 동안 중국의 통치 이념으로 기능한 유교의 뿌리가 주공에게 있는 것이다.

본문에서는 주공이 정비한 예제(禮制)의 일단을 보여 주공의 위대함을 드러내고 있다. 새로운 왕조를 건국한 뒤 선조들을 추존하는 제도, 장례와 제례에 있어서의 적용 기준, 상복의 제도까지 주공이 정비한 예제는 이후 중국은 물론 우리나라까지 일반적으로 적용되는 기준이었으니 그 영향력이 참으로 컸다고 할 수 있다.

도는 일상에만 있는 것이 아니라 이처럼 국가를 경영하는 일에도 있는 것이다. 그래서 도의 쓰임은 넓고도 큰 것이다.

제19장

1

子曰
자 왈

武王周公은
무 왕 주 공

其達孝矣乎신저!
기 달 효 의 호

夫孝者는
부 효 자

善繼人之志하며,
선 계 인 지 지

善述人之事者也니라.
선 술 인 지 사 자 야

春秋에 修其祖廟하며,
춘 추　　수 기 조 묘

陳其宗器하며,
진 기 종 기

設其裳衣하며,
설 기 상 의

薦其時食이니라.
천 기 시 식

공자께서 말씀하셨다.

"무왕과 주공은

누구나 인정하는 효를 행하셨다.

효라는 것은

사람의 뜻을 잘 계승하고,

사람의 일을 잘 이어 전하는 것이다.

봄과 가을에 선조의 사당을 수리하고,

[선조의] 소중한 유물을 진열하고,

[선조의] 의복을 갖추어 놓고,

제철의 음식을 올린다.

宗廟之禮는
종묘지례

종묘의 예는

所以序昭穆也요,
소이서소목야

소목(昭穆)[77]을 순서에
맞도록 하는 것이며,

序爵은
서작

〔벼슬아치가〕 벼슬의 높낮음에
따라 서는 것은

所以辨貴賤也요,
소이변귀천야

귀천을 분별하는 것이며,

序事는
서사

〔유사(有司)들의〕 직분을
차례로 맡김은

所以辨賢也요,
소이변현야

현우(賢愚)를 분별하는 것이며,

旅酬에 下爲上은
려수   하위상

여러 사람이 술을 권할 때
아랫사람이 윗사람에게 술을
올리는 것은

所以逮賤也요,
소이체천야

천한 사람에게까지 〔영광이〕
미치게 하는 것이며,

---

[77] 소목(昭穆) : 종묘나 사당에 조상의 신주를 모시는 차례. 천자의 경우, 가운데에 1세(世)를 모시고, 왼쪽 줄을 소라고 하여 2세·4세·6세를 모시고, 오른쪽 줄을 목이라고 하여 3세·5세·7세를 모신다. 제사를 지낼 때 자손들도 항렬에 따라 각각 소목의 자리에 나누어 선다. 유가의 제례에서 종법(宗法)과 항렬을 중시하던 규범이다.

燕毛는
연 모

모발의 색깔에 따라 앉아
연회를 하는 것은

所以序齒也니라.
소 이 서 치 야

나이의 순서를 분별하는 것이다.

踐其位하여
천 기 위

〔선왕의〕 그 자리에 앉아

行其禮하며,
행 기 례

〔선왕의〕 그 예를 행하며

奏其樂하며,
주 기 악

〔선왕의〕 그 음악을 연주하며,

敬其所尊하며,
경 기 소 존

〔선왕이〕 높이시던 분을 공경하고

愛其所親하여,
애 기 소 친

〔선왕이〕 친애하시던 사람들을
사랑하여

事死如事生하며,
사 사 여 사 생

돌아가신 분 섬기기를 살아계신 분
섬기듯 하고

事亡如事存이
사 망 여 사 존

없는 분 섬기기를 있는 분
섬기듯 하는 것이

孝之至也니라.
효 지 지 야

효의 지극함이다.

郊社之禮는
교 사 지 례

교(郊)[78]와 사(社)[79]의 예는

| 所以事上帝也요,
_{소 이 사 상 제 야} | 상제(上帝)[80]를 섬기기
위한 것이며, |

| 宗廟之禮는
_{종 묘 지 례} | 종묘의 예는 |

| 所以祀乎其先也니,
_{소 이 사 호 기 선 야} | 그 선조에게 제사를 올리기
위한 것이니, |

| 明乎郊社之禮와
_{명 호 교 사 지 례} | 교·사의 예와 |

| 禘嘗之義면
_{체 상 지 의} | 체(禘)[81]·상(嘗)[82]의 의미를
잘 알면 |

| 治國은
_{치 국} | 나라 다스리는 일이 |

| 其如示諸掌乎인저!
_{기 여 시 저 장 호} | 손바닥 위에 놓고 보는 듯
쉬울 것이로다!" |

---

78 교(郊) : 천자가 도성의 교외에서 하늘에 지내는 제사이다.
79 사(社) : 땅의 신에게 지내는 제사이다.
80 상제(上帝) : 하늘의 신이다. 여기서는 상제만을 말하였지만 땅의 신인 후토(后土)를 포함하여 말한 것이다.
81 체(禘) : 천자가 종묘에서 지내는 가장 큰 제사이다.
82 상(嘗) : 가을에 선조에게 지내는 제사이다. 원래 계절마다 제사가 있었으나 가을 제사로써 전체를 포괄하여 말하였다.

효의 본질이 문화의 계승과 발전에 있음을 들어 무왕과 주공의 위대함을 다시 한 번 말하였다. 이 단락에서는 주공이 정비한 종묘의 예제를 주로 설명하였다. 종묘는 왕실의 선조를 제사지내는 곳이다. 선조가 계셨기에 자손이 있는 것이며, 선조가 왕업을 마련하고 이루셨기에 자손이 그 왕업을 이어갈 수 있는 것이다. 그러므로 종묘는 문화의 계승과 발전을 집약적으로 상징하는 곳이다. 여기서 시행되는 예법은 전통에 대한 존중이며, 후손을 권면하는 수단이다. 그러므로 유가의 예제 가운데 가장 엄숙하고 완벽한 것이다. 절차마다 의미가 부여되었고, 그 부여된 의미를 깊이 이해하면 나라를 다스리는 일도 어렵지 않다. 그 절차들이 가지고 있는 의미들이 국가를 경영하는 이념과 다르지 않기 때문이다.

　'종기(宗器)'는 선조들이 대대로 간직해 온 보물들을 말하는데, 예컨대 『서경』에 보이는 적도(赤刀)·하도(河圖) 따위이다. '상의(裳衣)'는 선조들이 입던 옷인데, 이것을 펼쳐 놓았다가 제사를 지내면서 시(尸)에게 준다. 고대에는 제사에 신주(神主)를 쓰지 않고 조상을 대신하여 제사를 받는 사람을 정하여 앉혔는데 이를 시(尸)라고 하였고, 시는 주로 아이들이 담당하였기에 시동(尸童)이라고도 한다. '시식(時食)'은 원래 철마다 제사에 쓰는 음식이 달리 정해져 있었음을 말하지만 후대에는 제철에 생산되는 음식을 쓰는 것을 의미하였다. 여기까지가 제사를 지내기 위해 준비하는 과정이다.

　이러한 준비 과정이 끝나면 제사에 참여하는 사람들과 진행을 돕는 유사(有司)들이 각자의 위치에 자리를 잡아 제사를 지낸다. 제사에는 동성(同姓)의 자손들과 이성(異姓)의 관료들이 함께 참여하는데, 자손들은 선조들의 신주가 소목(昭穆)의 순서에 따라 배치된 것처럼 소목을 구분하여 서고, 관료들은 지위의 높낮음을 구분하여 선다. 유사들은 직분의 경중에 따라 현우를 따져 일을 맡는다. 덕이 높을수록 중요한 일을 담당하는 것이다.

제사를 마치고 나면 아랫사람이 윗사람에게 술잔을 올리고 아울러 모든 사람들이 서로 술을 권하여 마시는데, 아랫사람들에게도 종묘의 제례에 참여한 영광이 돌아가도록 하기 위해서다. 이성(異姓)의 관료와 유사들이 돌아가고 나서 동성(同姓)의 자손들만 남게 되면 다시 연회를 베푸는데, 이때는 나이 순서대로 앉는다. 오늘날 민간에서는 이 두 차례의 과정을 하나로 합하여 음복(飮福)이라고 하며 제사에 올린 음식을 나누어 먹는다. 그러나 원래 음복례(飮福禮)는 제사의 한 과정으로 '여수(旅酬)' 이전에 행하던 절차이다.

　선왕이 높이시던 분은 선왕의 선조들이고, 선왕이 친애하시던 사람들은 선왕의 자손과 신하·백성들이다. 선왕의 그 자리를 계승하여 선왕이 실천하시던 모든 일을 이어서 펼치고, 선왕의 장례와 제사에 정성을 다하는 것이 바로 문화의 계승과 발전이며 효의 지극함이다. '事死如事生'은 처음 돌아가시고 나서 장례를 치를 때의 마음가짐을 말한 것이고, '事亡如事存'은 장례를 치르고 난 뒤 제사를 지낼 때의 마음가짐을 말한 것이다.

　마지막으로 종묘의 예와 교사(郊社)의 예를 함께 이야기하며 이 제사들을 지낼 때의 예법에 내포되어 있는 의미들이 나라를 다스리는 이념과 다르지 않음을 말하였다.

제20장

1

哀公_{애공}[83]이 問政_{문정}한대

애공(哀公)이 정치에 대하여 물었다.

子曰_{자왈}

공자가 말씀하셨다.

文武之政_{문무지정}이

"문왕과 무왕의 정치가

布在方策_{포재방책}하니,

책에 실려 있으니,

其人_{기인}이 存_존

그런 사람들이 있으면

則其政_{즉기정}이 擧_거하고,

그런 정치가 펼쳐지고

其人_{기인}이 亡_망

그런 사람들이 없으면

---

[83] 애공(哀公): 춘추시대 노(魯)나라의 왕(재위 B.C. 494~B.C. 468). 주공의 후손으로 성명은 희장(姬將)이다. 재위 기간에 각국을 떠돌던 공자가 귀국하였으나, 정치를 단념한 그를 등용할 수 없었다. 『중용』의 이 문답도 이즈음에 이루어진 것이다. 재위 기간 동안 국내적으로는 삼환(三桓)이라고 하는 공족3가(公族三家)의 세력이 강하였고, 대외적으로는 오(吳)나라·제(齊)나라의 공격으로 국력을 펴지 못하였다. 월(越)나라의 도움으로 삼환씨를 제거하려다 오히려 왕위에서 쫓겨났다.

則其政이 息이니라.

그런 정치도 사라지는 것입니다.

人道는 敏政하고,

사람의 도리는 정치에 민감하고

地道는 敏樹하니,

땅의 도리는 나무에 민감하니,

夫政也者는

정치라는 것은 〔그 신속한 반응이〕

蒲盧也니라.

〔빨리 자라는〕 갈대와 같습니다.

故로 爲政이 在人하니,

그러므로 정치를 하는 것이
사람에게 달려 있으니,

取人以身이요,

나의 몸을 닦아 사람을 얻고,

修身以道요,

도를 닦아 나의 몸을 닦고,

修道以仁이니라.

인을 실천하여 도를 닦는 것입니다.

仁者는 人也니

인(仁)이라는 것은 사람의
도리이니

親親이 爲大하고,

혈족을 친애하는 것이 큰 것이고,

義者는 宜也니

의(義)라는 것은 적절하게 함이니

尊賢이 爲大하니,　　　　　현자를 높이는 것이 큰 것입니다.
존현　 위대

親親之殺[84]와　　　　　　혈족을 친애하되〔촌수에 따라
친친지쇄　　　　　　　　　차례차례〕 낮추어 가고

尊賢之等이　　　　　　　　현자를 높이되 차등을 두는 것이
존현지등

禮所生也니라.　　　　　　예가 생겨난 까닭입니다.
례소생야

在下位不獲乎上民不可得而治矣[85]

故로 君子는　　　　　　　그러므로 군자는
고　 군자

不可以不修身이니,　　　　몸을 닦지 않을 수 없으니,
불가이불수신

思修身인댄　　　　　　　　몸을 닦고자 생각한다면
사수신

不可以不事親이요,　　　　어버이를 섬기지 않을 수 없고,
불가이불사친

---

84 쇄(殺) : '살'이 아니라 '쇄'로 읽고 등급을 낮춘다는 의미이다.
85 이 구절은 아래에 또 나오므로 여기서는 잘못 실린 것이다.

思事親인댄
사 사 친

어버이를 섬기고자 생각한다면

不可以不知人[86]이요,
불 가 이 부 지 인

사람의 〔도리를〕 알지
않을 수 없고,

思知人인댄
사 지 인

사람의 〔도리를〕 알고자
생각한다면

不可以不知天이니라.
불 가 이 부 지 천

하늘의 〔이치를〕 알지
않을 수 없는 것입니다.

天下之達道가 五에
천 하 지 달 도   오

세상 어디서나 통하는 도리가
다섯 가지가 있는데

所以行之者가 三이니,
소 이 행 지 자   삼

이것을 실천하도록 하는 것은
세 가지입니다.

曰君臣也와
왈 군 신 야

군신의 도리와

父子也와
부 자 야

부자의 도리와

夫婦也와
부 부 야

부부의 도리와

---

86 인(人) : 주희는 여기서의 사람을 '親親'·'尊賢'과 관련시켜 타인, 즉 다른 사람의 어진 것을 존중하는 것으로 해설하였다. 번역문에서는 포괄적으로 '사람의 도리'라고 해석하였다.

昆弟也와
곤 제 야

형제의 도리와

朋友之交也
붕 우 지 교 야

벗들과 사귀는 도리이니

五者는 天下之達道也요,
오 자　　천 하 지 달 도 야

이 다섯 가지는 세상 어디서나
통하는 도리이며,

知仁勇三者는
지 인 용 삼 자

지혜와 어짊과 용기의 세 가지는

天下之達德也니,
천 하 지 달 덕 야

세상 어디서나 통하는 덕이니,

所以行之者는 一也니라.
소 이 행 지 자　　일 야

이것을 실천하도록 하는 것은
〔진실함〕 하나입니다.

或生而知之하며,
혹 생 이 지 지

어떤 사람은 태어날 때부터 알고,

或學而知之하며,
혹 학 이 지 지

어떤 사람은 배워서 알고,

或困而知之하나니,
혹 곤 이 지 지

어떤 사람은 어려움을 겪고 난 뒤에
알게 되지만

及其知之하여는 一也니라.
급 기 지 지　　　　일 야

결국 알게 되는 것은
마찬가지입니다.

或安而行之하며,
혹 안 이 행 지

어떤 사람은 〔본성 그대로〕
편안히 실천하고,

或利而行之하며, 혹 리 이 행 지	어떤 사람은 이롭다고 여겨 실천하고,
或勉强而行之하나니, 혹 면 강 이 행 지	어떤 사람은 힘써 노력하여 실천하지만
及其成功하여는 一也니라. 급 기 성 공 일 야	결국 실천함을 이루는 것은 마찬가지입니다."

   노나라의 애공은 늘 노나라의 중흥을 꿈꾸고 있었으나 공족(公族)의 발호와 이웃 나라의 침략으로 뜻대로 되지 않았다. 이런 시기에 공자가 귀국하였다. 애공은 공자를 등용하고자 하였으나 공자는 이미 60대의 노인이었기 때문에 사양하고, 다만 애공의 자문에 응하며 정사를 도왔다. 위(魏)나라 왕숙(王肅)이 저술한 『공자가어(孔子家語)』에는 공자와 애공의 문답이 여러 차례 보이는데, 『중용』의 이 문장도 실려 있다. 『공자가어』는 원래 한(漢)나라 때 저술된 책이지만 원본은 사라졌고, 지금 전하는 책은 왕숙이 여러 문헌을 참조하여 만든 위서(僞書)로 알려져 있다.
   애공이 정치의 요체를 묻자 공자는 '사람'이라고 대답한다. 문왕과 무왕의 정치가 훌륭할 수 있었던 이유도 군신(君臣)의 사람됨 때문이었다. 토양에 따라 나무가 민감하게 반응하듯 백성들은 정치에 민감하게 반응하기 때문에 훌륭한 인재를 등용하여 훌륭한 정치를 펼쳐야 한다. 훌륭한 인재를 얻는 방법은 군주 자신이 먼저 덕을 갖추어야 한다. 덕을 갖춘 군주에게는 인재들이 모여들게 마련인 것이다. 군주의 덕은 군주의 실천에서 나타나는데, 군신·부자·부부·형제·붕우 등 5종의 인간관계에서 이루어지는 윤리적 실천을 통해 알 수 있다. 이 5종의 관계에서 윤리적 실천

을 하기 위해서는 세 가지 덕목이 필요하다. 최상의 실천이 무엇인가를 아는 지혜와, 알고 난 뒤에 실천하는 어짊과, 이것을 최선의 경지까지 이루도록 힘쓰게 하는 용기가 그것이다. 이 세 가지 덕목은 원래 착한 본성을 가지고 태어난 사람들 누구나 가지고 있는 것이지만 인간의 욕망이 개입하여 진실함〔성(誠)〕이 부족하게 되면 제대로 발현될 수 없다. 그러므로 군주가 거짓 없는 마음으로 세 가지 덕목을 갖추고, 5종의 윤리적 실천을 하게 되면 인재가 모여들고 정치는 올바르게 이루어진다는 것이다.

지금 내가 이 5종의 윤리를 실천하지 못한다고 하여 걱정할 필요는 없다. 어떤 사람은 태어날 때부터 이것을 잘 알고 실천하기도 하고, 어떤 사람은 배워서 알고 나서 실천하기도 하고, 어떤 사람은 어려움을 겪고 난 뒤에 비로소 깨우쳐 실천하기도 하지만 결과는 마찬가지이다. 그러므로 지금부터 노력하면 윤리적 실천을 할 수 있고, 인재가 모여 들고, 훌륭한 정치를 할 수 있는 것이다. 이 말은 애공을 격려하기 위해 공자가 한 말이다. 『공자가어』에 따르면 이 대목까지 듣고 난 애공이, 좋은 말이기는 하지만 자기는 하기가 어렵겠다고 한다. 그래서 공자는 이야기를 계속한다.

2

子曰[87]
자 왈

공자가 말씀하셨다.

---

[87] 주희는 이 두 글자를 연문(衍文)으로 보았다. 연문으로 본 이유는 왕숙(王肅)이 위작(僞作)한 『공자가어(孔子家語)』의 내용 때문이다. 이 책에는 애공과 공자의 문답 전문이 더욱 상세하게 실려 있다. 『공자가어』에 따르면, 공자가 앞 단락까지 말을 하자 애공이 "그대의 말씀이 아름답고 지극하지만 과인이 이루기 어려울 것 같다"라고 하였다. 이에 공자가 다시 아래 단락의 말을 이어갔으니 '子曰'이라는 말이 들어가는 것이 당연하다. 그러나 『중용』의 저자는 애공의 말은 빼고 공자의 말만 연결시킴으로써 앞 단락과 뒤 단락이 모두 동일한 공자의 말이므로 '子曰'이라는 말이 필요 없는데 그냥 두었다는 것이다.

好學은 近乎知하고,
호학 근호지

"배우기를 좋아하는 것은
지혜에 가깝고

力行은 近乎仁하고,
력행 근호인

힘써 실천하는 것은 어짊에 가깝고

知恥는 近乎勇이니라.
지치 근호용

부끄러움을 아는 것은
용기에 가깝습니다.

知斯三者
지사삼자

이 세 가지를 알면

則知所以修身이요,
즉지소이수신

몸을 닦는 방법을 알게 되며,

知所以修身
지소이수신

몸을 닦는 방법을 알면

則知所以治人이요,
즉지소이치인

사람 다스리는 방법을 알게 되며,

知所以治人
지소이치인

사람 다스리는 방법을 알면

則知所以治天下國家矣리라.
즉지소이치천하국가의

천하와 국가를 다스리는 방법을
알게 될 것입니다.

특히 앞뒤 두 단락이 내용이 연결되고 있기 때문에 주희의 말은 논리적으로 정당하다. 그러나 비록 빼버렸지만 애공의 말이 중간에 있었다는 것을 암시하기 위해 '子曰'이라는 두 글자를 그냥 두었을 수도 있고, 대단히 큰 오류도 아니기 때문에 여기서는 그냥 두고 해석하였다.

凡爲天下國家
범위천하국가

有九經하니,
유구경

曰修身也와
왈수신야

尊賢也와
존현야

親親也와
친친야

敬大臣也와
경대신야

體群臣也와
체군신야

子庶民也와
자서민야

來百工也와
래백공야

柔遠人也와
유원인야

懷諸候也니라.
회제후야

修身則道立하고,
수신즉도립

천하와 국가를 다스리는 데

아홉 가지 원칙이 있으니,

몸을 닦고,

현자를 높이고,

혈족을 친애하고,

대신을 공경하고,

여러 관리들을 내 몸처럼 살피고,

백성을 자식처럼 여기고,

뭇 기술자들이 모여들게 하고,

먼 곳에서 온 사람들을
온유하게 대하고,

제후들을 품어주는 것입니다.

몸을 닦으면 도가 확립되고,

尊賢則不惑하고,
존현즉불혹

현자를 높이면 〔그들의 가르침을 받아〕 미혹되지 않게 되고,

親親則諸父昆弟不怨하고,
친친즉제부곤제불원

혈족을 친애하면 아버지의 여러 형제들과 나의 형제들이 원망하지 않고,

敬大臣則不眩하고,
경대신즉불현

대신을 공경하면 〔일을 처리함에〕 혼란하지 않고,

體群臣則士88之報禮重하고,
체군신즉사 지보례중

여러 관리들을 내 몸처럼 살피면 예우에 대한 그들의 보답이 무겁고,

子庶民則百姓勸하고,
자서민즉백성권

백성을 자식처럼 여기면 백성들이 서로 권면하고,

來百工則財用足하고,
래백공즉재용족

뭇 기술자들이 모여들면 재화의 쓰임이 넉넉하고,

柔遠人則四方歸之하고,
유원인즉사방귀지

먼 곳에서 온 사람들을 온유하게 대하면 이웃나라들이 귀순하고,

懷諸侯則天下畏之니라.
회제후즉천하외지

제후들을 품어 주면 천하가 두려워할 것입니다.

---

88 사(士) : 하급 관리들을 말한다.

齊明盛服하여
재 명 성 복

재계하고 깨끗이 하여 의복을
성대히 갖추어 입고

非禮不動은
비 례 부 동

예가 아니면 움직이지 않는 것이

所以修身也요,
소 이 수 신 야

몸을 닦는 방법이며,

去讒遠色하며
거 참 원 색

남을 헐뜯는 사람을 물리치고
여색을 멀리하며

賤貨而貴德은
천 화 이 귀 덕

재물을 가벼이 여기고 덕을 귀하게
여기는 것이

所以勸賢也요,
소 이 권 현 야

현자들을 권면하는 방법이며,

尊其位하며
존 기 위

지위를 높여주고

重其祿하며
중 기 록

녹봉을 많이 주며

同其好惡는
동 기 호 오

호오(好惡)를 함께하는 것이

所以勸親親也요,
소 이 권 친 친 야

혈족들이 친애하도록
권면하는 방법이며,

官盛任使는
관 성 임 사

관속(官屬)을 많이 두어 맡기어
부리게 하는 것이

所以勸大臣也요,
소 이 권 대 신 야

대신들을 권면하는 방법이며,

忠信重祿은
충 신 중 록

정성과 믿음으로 대하고 녹봉을 많이 주는 것은

所以勸士也요,
소 이 권 사 야

관리들을 권면하는 방법이며,

時使薄斂은
시 사 박 렴

때에 맞게 부역하게 하고 세금을 적게 거두는 것은

所以勸百姓也요,
소 이 권 백 성 야

백성을 권면하는 방법이며,

日省月試하여
일 성 월 시

날마다 살피고 달마다 시험하여

旣廩[89]稱事는
희 름 칭 사

녹봉을 일의 성과에 따라 주는 것은

所以勸百工也요,
소 이 권 백 공 야

기술자들을 권면하는 방법이며,

送往迎來하며
송 왕 영 래

가는 사람을 잘 전송하고 오는 사람을 잘 맞이하며

---

89 희름(旣廩) : 발음이 '기품'이 아니라 '희름'이다. '旣'는 '희(餼)'의 가차자이고, '廩'은 '름(廩)'의 가차자이니, 희는 녹봉이고 름은 창고다. '희름' 두 글자를 녹봉의 뜻으로 본다.

嘉善而矜不能은
가선이긍불능

잘하는 사람을 칭찬하고 능력이
부족한 사람을 가엾게 여기는 것은

所以柔遠人也요,
소이유원인야

먼 곳에서 온 사람들을 온유하게
대하는 방법이며,

繼絶世하며
계절세

끊어진 혈통을 이어주고

擧廢國하며
거폐국

망한 나라를 세워주고

治亂持危하며
치란지위

어지러움을 다스려주고 위태로움을
구원해 주고

朝聘以時하며
조빙이시

때에 맞게 조빙(朝聘)[90]하도록 하고

厚往而薄來는
후왕이박래

많이 보내고 적게 바치게
하는 것[91]이

所以懷諸侯也니라.
소이회제후

제후들을 품어주는 방법입니다.

---

90 조빙(朝聘) : '조'는 제후가 직접 천자를 알현하는 일인데 5년에 한 번 하고, '빙'은 제후가 신하를 보내어 조공을 바치는 일인데 작은 빙은 매년하고 큰 빙은 3년마다 한다.
91 이 구절은 조공(朝貢)과 회사(回賜)를 두고 한 말이다. 제후가 조빙할 때는 반드시 그곳의 특산물을 가지고 갔는데, 이것이 조공이다. 제후나 제후의 신하가 자국으로 돌아갈 때 천자는 답례품을 하사하였는데, 이것이 회사이다. 이 구절은 회사는 많이 하고 조공은 적게 하라는 말이다.

凡爲天下國家
범위천하국가

천하와 국가를 다스리는 데

有九經하니,
유구경

아홉 가지 원칙이 있으니,

所以行之者는 一也니라.
소이행지자 일야

이것을 실천하도록 하는 것은 〔진실함〕 하나입니다.

凡事는 豫則立하고,
범사 예즉립

모든 일은 〔진실함이〕 먼저 확립되어야 이루어지고

不豫則廢하나니,
불예즉폐

〔진실함이〕 먼저 확립되지 않으면 실패하니,

言前定則不跲하고,
언전정즉불겁

〔진실함이〕 먼저 확립되면 말에 차질이 없고

事前定則不困하고,
사전정즉불곤

〔진실함이〕 먼저 확립되면 일에 어려움이 없고

行前定則不疚하고,
행전정즉불구

〔진실함이〕 먼저 확립되면 행동에 병폐가 없고

道前定則不窮이니라.
도전정즉불궁

〔진실함이〕 먼저 확립되면 도리가 무궁합니다.

在下位하여
재 하 위

아랫자리에 있으면서

不獲乎上이면
불 획 호 상

윗사람의 〔신임을〕 얻지 못하면

民不可得而治矣리라.
민 불 가 득 이 치 의

백성을 다스릴 수가 없을 것입니다.

獲乎上이 有道하니,
획 호 상   유 도

윗사람의 신임을 얻는
도리가 있으니

不信乎朋友면
불 신 호 붕 우

벗들에게 신뢰를 얻지 못하면

不獲乎上矣리라.
불 획 호 상 의

윗사람의 신임을 얻을 수
없을 것입니다.

信乎朋友가 有道하니,
신 호 붕 우   유 도

벗들에게 신뢰를 얻는
도리가 있으니

不順乎親이면
불 순 호 친

어버이에게 효순하지 않으면

不信乎朋友矣리라.
불 신 호 붕 우 의

벗들에게 신뢰를 얻을 수
없을 것입니다.

順乎親이 有道하니,
순 호 친   유 도

어버이이게 효순하는 도리가 있으니

反諸身不誠이면
반 저 신 불 성

자신을 돌이켜보아 진실하지 않으면

不順乎親矣리라.
불 순 호 친 의

어버이에게 효순할 수 없을 것입니다.

誠身이 有道하니,
성 신   유 도

자신을 진실하게 하는 도리가 있으니

不明乎善이면
불 명 호 선

바른 것을 분명하게 알지 못하면

不誠乎身矣리라.
불 성 호 신 의

자신에게 진실할 수 없을 것입니다.

誠者는 天之道也요,
성 자   천 지 도 야

진실함은 하늘의 도리이고

誠之者는 人之道也니,
성 지 자   인 지 도 야

진실하고자 하는 것은 사람의 도리이니

誠者는
성 자

진실한 사람은

不勉而中하며
불 면 이 중

노력하지 않아도 〔도리에〕 맞으며

不思而得하여
불 사 이 득

생각하지 않아도 〔원래〕 가지고 있어서

從容中道하나니
종 용 중 도

저절로 도리에 맞으니

聖人也요,
성 인 야

성인이며,

誠之者는   진실하고자 하는 사람은
성 지 자

擇善而固執之者也니라.   바른 것을 가려 굳게
택 선 이 고 집 지 자 야   지키는 사람입니다."

　애공이 자신 없어 하자 공자의 말이 계속된다. 지혜와 어짊과 용기는 특별한 것이 아니다. 배우고 노력하고 자신의 잘못을 부끄러워하며 반성할 줄 알면 된다. 이 세 가지만 잘 알고 실천하면 천하라도 다스릴 수 있다. 『공자가어』에 따르면, 공자가 여기까지 이야기하고 나자 애공이 다시 묻는다. 정치에 대해서 해주실 말씀이 이것뿐이냐고. 좀더 구체적인 요구를 한 것이다. 공자는 다시 아홉 가지 원칙을 이야기한다. 공자는 그 아홉 가지 원칙을 차례로 나열하고, 그 원칙을 실천하였을 때의 효과까지 말해준다.

　애공이 다시 묻는다. "어떻게 하면 됩니까?" 공자는 다시 실천의 방법까지 자세하게 일러준다. "재계하고 깨끗이 하여 의복을 성대히 갖추어 입고"로 시작하는 문장이다. 그리고 마지막으로 다시 강조한다. 그러나 그 모든 것의 근본은 진실함이라고. 내 마음에 거짓이 없어야 한다고. 내 마음이 거짓으로 가득 차 있으면 말도 어긋나고 행동도 결함이 많고 일도 이루어지지 않고 도리도 궁해진다고.

　공자는 '도리'를 가지고 말을 계속 이어간다. 여기서의 도리는 방법과 비슷한 말이다. 백성을 다스리려면 윗사람의 신임을 얻어야 되는데 윗사람의 신임을 얻는 도리는 친구들의 신임을 얻는 것이며 친구들의 신임을 얻는 도리는 부모에게 효도하는 것이며, 부모에게 효도하는 도리는 스스로가 진실해야 한다. 결국은 진실함의 문제다.

　여기서 공자는 유명한 말을 남긴다. 하늘의 도리도 진실함 하나뿐이라고. 하늘은 거짓이 없다. 밤이 가면 낮이 오고, 가을이 가면 겨울이 온다. 가을이 가고 난 뒤 봄이 오는 도리는 없다. 잠시도 쉬지 않고 순간도 어긋남 없이 운행하는 천도의 숙연(肅然)함도 한 마디로 말하면 '거짓 없음'에 불과하다. 인간은 이 천도의 거짓 없음을 배워야 한다. 그러므로 이 천도의 진실함을 잘 간직하고 실천하는 사람은 노력하지 않아도 일마다 도리에 맞으니 성인의 경지이다. 그러나 보통 사람들은 이 천도의 진실함을 노력하여 배워야 한다. 어렵지 않다. 바른 것을 가려서 굳게 지키면 된다.

『공자가어』에는 여기까지 듣고 난 애공이, "당신의 가르침을 잘 들었습니다. 어디서부터 시작하면 될지를 감히 묻겠습니다"라고 한다. 공자가 기대를 가질 만하다. 공자가 다시 몇 마디 더 한다. 실컷 듣고 난 애공은, "좋은 말씀 많이 들었습니다만 과감하게 실천하지 못하여 당신께 죄를 지을까 두렵습니다"라고 한다. 겸손한 말인 듯도 하지만 왠지 공자가 허탈했을 듯하다.

3

博學之하며, 널리 배우고
박학지

審問之하며, 자세히 묻고
심문지

愼思之하며, 신중하게 생각하고
신사지

明辨之하며, 분명하게 분변하고
명변지

篤行之니라. 독실하게 실천하여야 한다.
독행지

有弗[92]學이언정 學之인댄   배우지 않을지언정 배우게 되었으면
유불학   학지

弗能을 弗措也하며,   능숙하게 되지 않고는
불능   부조야   그만두지 않으며,

有弗問이언정 問之인댄   묻지 않을지언정 물었으면
유불문   문지

弗知를 弗措也하며,   알지 못하고는 그만두지 않으며,
부지   부조야

有弗思언정 思之인댄   생각하지 않을지언정 생각하였으면
유불사   사지

弗得을 弗措也하며,   깨닫지 않고는 그만두지 않으며,
부득   부조야

有弗辨이언정 辨之인댄   분변하지 않을지언정 분변하였으면
유불변   변지

弗明을 弗措也하며,   분명해지지 않고는
불명   부조야   그만두지 않으며,

---

92 불(弗) : '불(不)'과 같은 의미로 쓰였다. 조선조의 경서언해본들은 '不'의 발음을 모든 경우에 '불'로 달아 두었으나, 실제로 읽을 때는 뒷 글자의 자음이 'ㄷ'과 'ㅈ'으로 시작할 경우 '부'로 읽어 왔다. 이러한 '不'자의 'ㄹ' 탈락 현상은 오래 전부터 있었기에, 현대에 와서 국어의 독특한 음운현상으로 공인하게 된 것이다. 여기의 '弗'은 원래 '不'과는 다른 글자이고, 중국어 발음도 다르다. 그러므로 어떤 사람들은 '不'의 음운현상을 적용할 필요가 없이 어떤 경우에도 '불'로 읽어야 한다고 주장한다. 그러나 '不'이 특별한 글자라서 그런 음운현상이 있었던 것이 아니다. 원래 국어 음운의 'ㄹ' 탈락 현상은 광범위한 것이었으나 현대에 가까워지면서 범위가 축소되었고, 유독 부정의 의미 '불'에만 살아남게 된 것이다. 이것은 글자의 문제가 아니라 음운현상의 문제이다. 그러므로 불(弗)과 불(不)이 동일한 의미로 사용되었을 경우에는 그 동일한 음운현상을 적용하는 것이 옳을 것이다.

有弗行이언정 行之인댄 행하지 않을지언정 행하였으면
유불행   행지

弗篤을 弗措也하여, 독실하지 않고는
부독   부조야   그만두지 않아야 하니,

人一能之어든 己百之하며, 남이 한 번에 그리하면 나는
인일능지   기백지   백 번 할 것이며

人十能之어든 己千之니라. 남이 열 번에 그리하면 나는
인십능지   기천지   천 번을 하면 된다.

果能此道矣면 이러한 도리를 과감하게 실천하면
과능차도의

雖愚나 必明하며, 비록 어리석더라도 반드시 밝아지며
수우   필명

雖柔나 必强이니라. 비록 유약하더라도 반드시
수유   필강   강해질 것이다.

『공자가어』에는 이 문장이 없다. 아마 『중용』의 저자가 보완하였을 것이다. 내용은 진실하고자 함〔성지(誠之)〕을 실천하는 방법론이다. 감동적인 문장이다. 『중용』이 지어진 당시에 '진실하고자 함'을 실천하는 방법론일 뿐 아니라 현대에서 학문을 하는 방법론이며, 미래에도 인간이 무엇인가를 성취하기 위해서는 반드시 기억해야 할 문장이다. 우리의 선조들은 박학(博學) · 심문(審問) · 신사(愼思) · 명변(明辨) · 독행(篤行)의 오조목을 '공부(工夫)'의 금과옥조로 여겼으나, 그 아래 문장의 철저성이

더 큰 감동을 준다. 이런 자세로 공부한다면 도달하지 못할 경지가 없을 것이다.

제3편 하늘을 본받아 성인(聖人) 되는 길 : 진실함〔성(誠)〕

　제3편은 주희의 설명에 따르면, 공자가 20장에서 말씀한 천도(天道)와 인도(人道)의 뜻을 자사가 이어 21장에서 말씀하고, 이하 22장부터 32장까지 열한 개의 장에서는 21장의 대의를 반복하여 밝혔다고 한다.

　이 편은 공문심법지요(孔門心法之要)라고 하는 『중용』의 진면목이 드러나는 부분이다. 『중용』의 핵심 개념이라고 하는 성(誠)과, 그 성을 실천하여 사람의 격〔인격(人格)〕이 도달할 수 있는 최고의 경지에 이른 성인(聖人)에 대한 논의가 이루어지기 때문이다. 『중용』의 논리에 의하면, 성은 하늘과 인간의 연결고리이다. 제2편의 마지막 장인 20장에서 그 성에 대한 문제를 슬쩍 건드려 놓았는데, 그 문제풀이가 이 편에서 이루어진다. 21장부터 26장까지를 대체로 성과 관련한 논의로 볼 수 있고, 27장부터 32장까지는 천도인 그 성을 구현한 성인에 대한 이야기가 나온다. 그러므로 이 편은 대체로 21~26장까지의 성론(誠論)과 27~32장까지의 성인론(聖人論)으로 구성되어 있는 셈이다. 그러나 성(誠)을 이야기하면서 성을 구현한 성인을 암시하며 이야기하기도 하고, 32장처럼 성인을 이야기하면서 성인의 바탕이 되는 성을 강조하기도 하였기 때문에 이 구분이 절대적인 것은 아니다.

제21장

1

自誠明을
자 성 명

진실함으로부터 〔이치에〕 밝아지는 것을

謂之性이요,
위 지 성

본성의 발현이라고 하고

自明誠을
자 명 성

〔이치에〕 밝아짐으로부터 진실해지는 것을

謂之敎니,
위 지 교

가르침의 효과라고 한다.

誠則明矣요
성 즉 명 의

진실하면 밝아질 것이고,

明則誠矣니라.
명 즉 성 의

밝아지면 진실해질 것이다.

성(誠)은 천도의 진면목이다. 그러므로 하늘은 거짓이 없다. 거짓 없는 하늘이 준 덕을 손상하지 않고 지켜가는 것을 본성을 따른다고 한다. 천부의 본성대로 살아가는 사람은 성인이다. 그러므로 성인은 세상의 모든 이치에 밝지 않음이 없다. 거짓이 없기 때문이다. 그러나 보통 사람은 본성이 무엇인지 모른다. 몰라서 본성대로 살지 못한다. 그래서 가르침을 받아야 한다. 가르침을 받고 나면 어느 길이 바른 길인지를 안다. 환하게 알고 나서 그 길을 가면, 쉬지 않고 가면 성(誠)에 도달할 수 있다. 거짓이 없는 경지에 도달할 수 있는 것이다. 그 도달한 경지는 같다. 배우지 않고 도달해 있는 경지나 배워서 도달한 경지나 같은 경지이다. 현인이 배우고 실천하여 성인이 될 수 있는 것이다. 그래서 배우는 사람은 성인 됨을 목표로 한다. 성인은 진실하기 때문에 밝지 않을 수 없고, 현인은 밝아지고 난 뒤 진실해지는 것이다.

제22장

1

惟天下至誠이아
유 천 하 지 성

오직 세상에서 가장 지극한
진실함이라야

爲能盡其性이니,
위 능 진 기 성

그 본성을 완전하게
발현할 수 있으니,

能盡其性이면
능 진 기 성

그 본성을 완전하게
발현할 수 있으면

則能盡人之性이요,
즉 능 진 인 지 성

남의 본성도 다 발현시킬 수 있고,

能盡人之性이면
능 진 인 지 성

남의 본성을 다 발현시킬 수 있으면

則能盡物之性이요,
즉 능 진 물 지 성

만물의 본성을 다 발현시킬 수 있고,

能盡物之性이면
능 진 물 지 성

만물의 본성을 다 발현시킬 수
있으면

則可以贊天地之化育이요,
즉 가 이 찬 천 지 지 화 육

천지가 〔만물을〕 낳고 길러줌을
도울 수 있고,

可以贊天地之化育이면
가 이 찬 천 지 지 화 육

천지가 〔만물을〕 낳고 길러줌을 도울 수 있으면

則可以與天地參[93]矣니라.
즉 가 이 여 천 지 참 의

천지와 더불어 나란히 설 수 있을 것이다.

    진실함은 자신의 본성을 완전하게 할 뿐만 아니라 남의 본성도 완전하게 하고, 사람의 본성만 완전하게 할 뿐만 아니라 사물의 본성도 완전하게 한다. 내가 완벽한 중화를 이루었을 때, 천지가 제자리를 잡고 만물이 길러지게 되는 것과 같은 이치이다. 그러므로 지성(至誠)의 경지에 이른 성인은 천지와 더불어 나란히 서서 천지의 화육(化育)에 참여하는 것이다.

---

93 참(參) : '참여한다'는 뜻이다. 여기서는 '천지에 참여한다'는 뜻이므로 '나란히 선다'라고 번역했다.

제23장

1

其次는 **致曲**이니,
<small>기 차   치 곡</small>

그 다음은 한 부분이라도
지극히 하는 것이다.

曲能有誠이니,
<small>곡 능 유 성</small>

그 부분들에도 진실한
〔경지가〕 있으므로

誠則形하고,
<small>성 즉 형</small>

진실하면 나타나게 되고,

形則著하고,
<small>형 즉 저</small>

나타나면 드러나게 되고,

著則明하고,
<small>저 즉 명</small>

드러나면 밝아지게 되고,

明則動하고,
<small>명 즉 동</small>

밝아지면 〔타인을〕 감동시키고,

動則變하고,
<small>동 즉 변</small>

감동하면 변하게 되고,

變則化니,
<small>변 즉 화</small>

변하면 저절로 그러하게 되니

唯天下至誠이아
<small>유 천 하 지 성</small>

오직 세상에서 가장 지극한
진실함이라야

爲能化니라.
위 능 화

저절로 그러하도록 만들 수 있다.

지성(至誠)의 아래 단계는 치곡(致曲)이다. '치'는 지극하도록 만드는 것이고 '곡'은 한구석이다. 전체를 다 성(誠)으로 채우지 못했으면 어느 한구석만이라도 성(誠)하라는 말이다. 그 구석에도 성할 수 있는 도리가 있으므로. 사람에 따라 충보다 효에 지극한 사람이 있고, 효보다 충을 앞세우는 사람이 있다. 충에도 지극한 경지가 있고, 효에도 지극한 경지가 있다. 그 경지까지 나아가라는 말이다. 그것이 치곡이다. 효를 앞세우는 사람을 보고 사람들은 저 사람은 충을 모른다고 비난할 수 있다. 그러나 그가 효를 지극하게 실천하는 것을 보면 감동한다. 감동하는 사람은 그 사람을 닮으려 하고 닮으려 노력하다 보면 그 사람과 같아지게 된다. 치곡에는 사람을 변화시킬 수 있는 힘이 있는 것이다. '변'과 '화'는 원래 두 가지 개념이다. A가 B가 되고자 할 때 변은 A를 벗어난 단계, 즉 A가 아닌 단계이고, 화는 B가 되어버린 단계이다. 치곡을 통하여 사람을 변화시키는 경지에 이르렀다면 이미 지성(至誠)에 도달한 것이다. 지극한 효자는 지극한 충신이 될 수밖에 없는 것이다. 『중용』은, 아니 유가는 항상 부족한 사람이 나아갈 수 있는 길을 열어두고 있다. 어느 자리에서건 어떤 사람이건 노력하면 성인이 된다고 한다.

제24장

1

至誠之道는
지성지도

지극히 진실한 경지에 이르면

可以前知니,
가 이 전 지

미리 알 수 있다.

國家將興에
국 가 장 흥

나라와 집안이 일어나려 하면

必有禎祥하며,
필 유 정 상

반드시 상서로운 조짐이 있으며,

國家將亡에
국 가 장 망

나라와 집안이 망하려 하면

必有妖孼하여,
필 유 요 얼

반드시 요사스러운 일이 있어,

見乎蓍龜하며
현 호 시 귀

시귀(蓍龜)⁹⁴에 나타나며

動乎四體⁹⁵라.
동 호 사 체

몸동작에 나타나게 된다.

---

94 시귀(蓍龜) : '시'는 50개의 가는 막대로 『주역(周易)』에 의거하여 점을 치는 방법이고, '귀'는 거북의 껍질을 태워 그 갈라지는 선을 보고 점치는 방법이다. '시'는 원래 식물의 이름인데 점을 칠 때 그 줄기를 많이 사용하였기에 붙여진 이름이다.

95 사체(四體) : 원래 팔과 다리의 사지(四肢)를 말하지만, 사지로 대표되는 몸 전체의 의미로 확대되었다. 이 문장은 직역하면 '몸에서 움직인다'쯤 되지만 의역하였다. 몸동작에 나타난다는 것은 『춘추좌전(春秋左傳)』에, 주(邾)의 은공(隱公)이 노(魯)의 정공(定公)을 알현하면서 옥을 높이 잡고 우러르는 자세로 정공에게 건네자 정공이 고개를 숙이고

禍福將至에
화 복 장 지

善을 必先知之하며,
선　　필 선 지 지

不善을 必先知之니,
불 선　　필 선 지 지

故로 至誠은 如神이니라.
고　　지 성　　여 신

화와 복이 이르려 하면,

좋은 일도 반드시 먼저 알고

좋지 않은 일도 반드시 먼저 아니

그러므로 지극히 진실하면
귀신과 같아진다.

　지성의 효과에 대한 한 가지 예를 들었다. 지성의 경지에 도달한 성인은 미래를 예단할 수 있다. 그러나 이것은 신통력이 아니다. 신통력이 생겨 아는 것이 아니라 흠결 없는 예지력으로 이치를 미루어 알 수 있는 것이다. 태평한 나라가 어느 순간 갑자기 망하지는 않는다. 태평해 보이지만 망국의 요인이 누적되어 그 조짐이 나타나면서 망하게 되는 것이다. 보통 사람은 그 조짐을 모른다. 이 조짐이라는 것이 여름에 눈이 내리는 따위의 어떤 이변만을 말하는 것이 아니다. 성인은 사태의 추이에서 조짐을 보는 것이다. 군주의 동작 하나에서도 국가의 미래를 보는 것이다. 그러므로 지성(至誠)의 경지에 이르면 신(神)과 같아지는 것이다. 주희는 이 신을 귀신이라고 하였다. 그래서 귀신이라고 번역하였다. 주희는 아마 음양의 조화라는 뜻으로 귀신이라고 하였을 것이다. 그러나 우리가 항용 말하는 '귀신같이 안다'는 그 귀신으로 보아도 무방할 것이다.

　옥을 낮추어 잡았는데, 공자의 제자 자공(子貢)이 이것을 보고 두 임금이 모두 죽을 것을 예언하여 그 해에 정공이 죽었던 사실 따위이다.

제25장

1

誠者는 自成也요,
而道는 自道[96]也니라.
誠者는 物之終始니
不誠이면 無物이니
是故로
君子는 誠之爲貴니라.

誠者는
非自成己而已也라,
所以成物也니,

진실함은 저절로 이루어지는 것이며,
도는 스스로 가야 하는 길이다.
진실함이란 만물의 처음과 끝이니,
진실하지 않으면 만물이 없다.
이런 까닭으로
군자는 진실하고자 함을
귀하게 여긴다.

진실함이란
저절로 자기를 이룰 뿐 아니라
만물도 이루어준다.

---

96 도(道): '도(導)·유(由)'의 뜻으로 '인도하다'·'~을 좇아가다'는 뜻이다.

成己는 仁也요,　　　　　자기를 이루는 것은 어짊이며,

成物은 知也니,　　　　 만물을 이루는 것은 지혜이니,

性之德也라.　　　　　　〔어짊과 지혜는 모두 나의 진실한〕
　　　　　　　　　　　　본성이 가지고 있는 덕이다.

合內外之道也니,　　　　〔그러므로 진실함은〕나와 만물이
　　　　　　　　　　　　하나가 되게 하는 도리이다.

故로 時措之宜[97]也니라.　그러므로 상황에 맞추어 적절하게
　　　　　　　　　　　　처리할 수 있는 것이다.

　1장에서, 인간은 태어날 때부터 착한 본성을 하늘로부터 받아 태어난다고 하였다. 이 착한 본성은 진실하여 거짓이 없다. 진실함이 바로 만물의 본성인 것이다. 인간은 착하여 진실하고, 계절은 순환을 어기지 않아 진실하고, 해와 달은 규칙적인 운행을 하여 진실하고, 초목은 싹이 나야 할 때 싹을 틔우고 꽃이 피어야 할 때 꽃을 피워 진실하다. 천하만물이 거짓없음 그 자체인 것이다. 그러므로 진실함은 만물이 생겨난 그 순간부터 저절로 이루어진 것이며, 누가 와서 안배한 것이 아니다. 이 본성을 따라서 사는 것이 도이다. 사람에게는 사람이 가야 할 길이 있고, 초목에게는

---

97 시조지의(時措之宜) : 이 구문은 '時措'가 목적어이고 '宜'가 동사인데 도치시키면서 조사 '之'가 삽입된 것이다. 그러므로 '時措'는 명사형이 되어 '때에 따라 조치함'이라는 뜻이 되고, 전체의 의미는 '때에 따라 조치함을 마땅하게 한다'는 것이다.

초목이 가야 할 길이 있다. 그러므로 천하만물은 자신 앞에 놓인 길을 가면 된다. 도는 스스로 가면 되는 길인 것이다. 거짓 없이 살아가면 바로 제 길을 가는 것이다. 첫 두 구절의 의미이다.

그러므로 진실함이란 만물의 처음과 끝이다. 만물의 본성이기 때문이다. 이 본성대로 살지 못하면 사물은 없는 것과 마찬가지다. 진달래가 가을에 피면 진달래가 아니고, 사람이 진실하지 않으면 사람이 아닌 것이다. 불성(不誠)이면 무물(無物)인 것이다. 그러므로 군자는 진실하고자 노력한다. 그것이 사람 되는 길이기 때문이다. 군자의 진실하고자 하는 노력은 인을 통하여 이루어진다. 나의 어짊을 갈고 닦아 거짓 없는 진실함으로 나의 내면이 충만할 때 비로소 사람 된 도리를 다하는 것이다. 자신을 완성한 것이다. 나의 내면이 진실하면 자신이 완성될 뿐만 아니라, 나 이외의 모든 존재들도 완성된다. 나의 진실함에 감화되어 완성되기도 하지만, 좀더 적극적으로 나의 지혜로 그들의 미완성을 헤아려 진실함으로 이끌어주는 것이다. 나의 지혜로 그들을 본성대로 살도록 완성시켜 주는 것이다. 나의 본성이 원래 가지고 있던 어짊과 지혜로 나와 만물이 다 함께 본성대로 살아가게 된 것이다. 그러므로 진실함은 나와 만물을 하나로 만들어주는 도리이다. 나와 만물이 하나가 되었을 때, 천하의 어떤 일이라도 어려울 것이 없다. 세상의 모든 일이 상황에 알맞게 처리되는 것이다. 시중(時中)이다. 성(誠)은 참으로 위대하다.

제26장

1

故로 至誠은 無息이니,
고　　지성　　무식

그러므로 지극히 진실하면
쉼이 없으니

不息則久하고,
불식즉구

쉬지 않으면 오래갈 수 있고,

久則徵하고,
구즉징

오래가면 징험이 나타나고,

徵則悠遠하고,
징즉유원

징험이 나타나면 멀리까지
미칠 수 있고,

悠遠則博厚하고,
유원즉박후

멀리까지 미치면 넓고도
두터워지고,

博厚則高明이니라.
박후즉고명

넓고 두터워지면 높고 밝아진다.

博厚는 所以載物也요,
박후　　소이재물야

넓고 두터우면 만물을 실어주고,

高明은 所以覆物也요,
고명　　소이부물야

높고 밝으면 만물을 덮어주고,

悠久는 所以成物也니라.
유구　　소이성물야

멀리 미치고 오래가면
만물을 이루어준다.

博厚는 配地하고,
박후　배지

高明은 配天하고,
고명　배천

悠久는 無疆이니라.
유구　무강

멀리 미치고 오래감은
경계가 없는 것이다.

如此者는
여차자

이와 같은 경지에 이르면

不見而章하며,
불현이장

나타나지 않아도 드러나며

不動而變하며,
부동이변

움직이지 않아도 변화시키며

無爲而成이니라.
무위이성

작위(作爲) 없이도 이루어간다.

天地之道는
천지지도

천지의 도는

可一言而盡也니,
가일언이진야

한 마디 말로 다할 수 있으니

其爲物[98]이 不貳[99]라,
기위물　불이

그 본질은 한결같다는 것이다.

---

[98] 위물(爲物) : 직역하면 '물건 됨'이라는 뜻이니 성질·본질을 의미한다.
[99] 불이(不貳) : '貳'는 '二'와 같으니 '불이'는 둘이 아닌 '전일(專一)'함을 말한다. 여기서는 '성(誠)'을 말한다.

| 則其生物이 不測이니라.
즉 기 생 물　　　　불 측 | 그러므로 만물을 생성시킴을 이루 헤아릴 수 없다. |

| 天地之道는
천 지 지 도 | 〔그러므로〕 천지의 도는 |

| 博也厚也高也
박 야 후 야 고 야 | 넓고 두텁고 높고 |

| 明也悠也久也니라.
명 야 유 야 구 야 | 밝고 멀고 오래다. |

| 今夫¹⁰⁰天이
금 부　　천 | 하늘은 |

| 斯昭昭之多니,
사 소 소 지 다 | 반짝이는 점들이 모인 것에 불과하지만, |

| 及其無窮也하여는
급 기 무 궁 야 | 그 무궁함에 이르면 |

| 日月星辰이 繫焉하며,
일 월 성 신　　계 언 | 해와 달과 별이 걸려 있고, |

| 萬物이 覆焉이니라.
만 물　　부 언 | 만물이 〔그것에 의하여〕 덮여 있다. |

| 今夫地가
금 부 시 | 땅은 |

---

100 금부(今夫) : 문장의 의미 전환에 주로 사용하는 발어사이다.

| 一撮土之多니, | 한 움큼 흙들이 모인 것에 불과하지만, |
| 일 촬 토 지 다 | |

| 及其廣厚하여는 | 그 넓고 두터움에 이르면 |
| 급 기 광 후 | |

| 載華嶽而不重하며, | 화악(華嶽)[101]을 싣고도 무겁게 여기지 않으며 |
| 재 화 악 이 부 중 | |

| 振河海而不洩하며, | 강과 바다를 거두어도 새지 않으며 |
| 진 하 해 이 불 설 | |

| 萬物이 載焉이니라. | 만물이 실려 있다. |
| 만 물 재 언 | |

| 今夫山이 | 산은 |
| 금 부 산 | |

| 一卷[102]石之多니, | 하나의 작은 돌들이 모인 것에 불과하지만, |
| 일 권 석 지 다 | |

| 及其廣大하여는 | 그 넓고 큼에 이르면 |
| 급 기 광 대 | |

| 草木이 生之하며, | 풀과 나무가 자라고 |
| 초 목 생 지 | |

---

101 화악(華嶽) : 중국의 섬서성에 있다. 오악(五嶽) 가운데 하나로 서악(西嶽)이다. 원문의 '화악(華嶽)'을 '화'와 '악' 두 개의 산으로 보기도 한다.
102 권(卷) : '구(區)'의 뜻으로 작다는 말이다.

| 禽獸가 居之하며, | 새와 짐승이 살며 |
| 보 수 거 지 | |

寶藏이 興焉이니라.   문혀 있던 보배들이 나온다.
보 장   흥 언

今夫水가   물은
금 부 수

一勺之多니   한 구기[103]의 양이 모인 것에
일 작 지 다   불과하지만

及其不測하여는   그 측량할 수 없음에 이르면
급 기 불 측

黿鼉蛟龍魚鼈이 生焉하며,   큰 자라 · 악어 · 교룡 · 물고기 ·
원 타 교 룡 어 별   생 언   자라가 살며

貨財가 殖焉이니라.   재화[104]가 번식한다.
화 재   식 언

앞 장을 이어서 성(誠)의 위대함을 말하였다. 지극히 진실하면 순간도 그침이 없다. 하늘의 운행이 잠시라도 그치는 법이 있던가! 해와 달은 부지런히 갈마들고, 꽃들은 부지런히 피었다가 지고, 물은 쉼 없이 흘러간다. 그러므로 지성(至誠)을 구현한 사람은 잠시라도 쉬는 법이 없다. 나를 이루고 남을 이루기 위해 쉼이 없는 것이다. 쉼 없이 장구한 세월을 지속하다 보면 그 효험이 나타나게 마련이다. 시간을 통해 나타난 효험은

---

103 구기 : 술이나 기름 따위를 뜰 때 쓰는 기구 · 국자와 비슷하지만 국자보다 작다.
104 재화 : 산호 · 진주 따위를 말한다.

공간으로 확대된다. 나의 집안이 바르게 되었던 것이 나의 나라가 바르게 되고, 온 세상이 바르게 된다. 공간으로 확대된 나의 진실함은 더욱 넓고 두텁고 고명해진다. 부족하였던 나의 진실함이 넓고 두텁고 고명하게 변한 것이 아니라, 나의 진실함은 본래 그대로이되 확산되는 영향력이 그러하다는 말이다.

넓고 두터우면 대지가 만물을 실어주듯 만물을 포용하고, 높고 밝아지면 하늘이 만물을 덮어주듯 만물을 감싸주고, 공간적으로 시간적으로 더욱 확대되어 만물을 완성시켜 준다. 나의 진실한 덕이 넓고 두터운 대지의 덕과 같아지고, 나의 진실한 덕이 높고 밝은 하늘의 덕과 같아지고, 그리하여 나의 진실한 덕은 공간과 시간으로 무한히 뻗어 나간다.

이러한 경지에 이르면 나의 덕을 보여주려 하지 않아도 저절로 드러나며, 내가 움직이지 않아도 만물은 변화하며, 내가 작위하지 않아도 만물은 완성되는 것이다. 그러므로 나의 진실함, 나의 거짓 없음, 나의 한결같음은 만물을 한량없이 생성하는 천지의 위대한 도와 합치된다. 천지의 도는 넓고 두텁고 높고 밝아 무한한 시공간에 항존(恒存)한다. 하늘과 땅과 산과 물이 그 처음은 지극히 작은 것에서 출발하였으나 쉼 없는 진실함으로 인해 한량없이 커진 것이다.

2

詩云
시 운

『시』[105]에 이르기를

維天之命이
유 천 지 명

"하늘의 명이

---

[105] 『시』: 『시경』의 「주송(周頌)·유천지명(維天之命)」편이다.

| 於穆不已라하니, | 아! 심원(深遠)하여 |
| 오목불이 | 그치지 않는다" 한 것은 |

蓋曰天之所以爲天也요,　　하늘이 하늘이 된 까닭을
개 왈 천 지 소 이 위 천 야　　말한 것이며,

於乎不顯가!　　　　　　　"오호라! 빛나지 않으신가!
오 호 불 현

文王之德之純이여 하니,　　문왕의 덕의 순수함이여!" 한 것은
문 왕 지 덕 지 순

蓋曰文王之所以爲文也니,　　문왕이 '문(文)'의 [시호를
개 왈 문 왕 지 소 이 위 문 야　　받게] 된 까닭을 말한 것이니,

純亦不已니라.　　　　　　순수하고도 그침이
순 역 불 이　　　　　　　없으셨기 때문이다.

『시경』을 인용하여 잠시도 멈추지 않는 진실무망(眞實無妄)의 위대한 덕을 총결하였다. 하늘이 하늘이 된 까닭도, 문왕이 문왕이 된 까닭도 잠시도 멈추지 않는 진실함 때문이라는 것이다. 시호를 정하는 법에 따르면 '문(文)'이라는 시호의 의미에는, 하늘과 땅을 법도로 삼아 천하를 경영한다[경천위지(經天緯地)]는 의미와 도와 덕을 사람들이 널리 칭송한다[도덕박문(道德博聞)]는 의미·부지런히 배우고 묻기를 좋아한다[근학호문(勤學好問)]는 의미·자애와 은혜로써 백성을 사랑한다[자혜애민(慈惠愛民)]는 의미 등이 있으나 이것은 후대에 정한 시법(諡法)이다. 문왕의 시호인 '문'의 의미를 굳이 후대의 시법에 맞춘다면 '경천위지' 정

도의 의미로 유추할 수 있으므로, '문'이라는 글자 자체에 성(誠)을 찬미하는 의미가 있는 것이 아니다. 그러므로 이 대목은 문왕이 잠시도 멈추지 않는 진실한 덕으로 위대한 업적을 이루었기에 '문'이라는 최상의 시호를 받게 되었다는 의미이다.

제27장

1

大哉라 聖人之道여!
대 재 성 인 지 도

위대하도다! 성인의 도여!

洋洋乎發育萬物하여
양 양 호 발 육 만 물

넘실넘실 〔가득한 덕으로〕
만물을 길러

峻極于天이로다.
준 극 우 천

높고 큼이 하늘에 다하였도다.

優優大哉라!
우 우 대 재

한량없는 위대함이여!

禮儀三百과
예 의 삼 백

예의(禮儀)[106]가 300가지요,

威儀三千이로다.
위 의 삼 천

위의(威儀)[107]가 3천 가지로다.

待其人而後에 行이니라.
대 기 인 이 후 행

〔그러나 도는〕 그 인물을
기다린 뒤에라야 시행될 수 있으니,

故로 曰苟不至德이면
고 왈 구 부 지 덕

그러므로 만약 지극한
덕이 아니라면

---

106 예의(禮儀) : 기준이 되는 큰 예법.
107 위의(威儀) : 기준에 따른 세부적인 작은 예절.

至道不凝焉이라 하나라.
지 도 불 응 언

지극한 도는 이루어지지
않는다는 것이다.

故로 君子는
고   군 자

그러므로 군자는

尊德性而道¹⁰⁸問學이니,
존 덕 성 이 도   문 학

덕성을 높이고 학문을 힘써야 하니

致廣大而盡精微하며,
치 광 대 이 진 정 미

넓고 큼을 지극히 하되
정밀함을 다하고,

極高明而道中庸하며,
극 고 명 이 도 중 용

고명함을 지극히 하되
중용을 따르고,

溫故而知新하며,
온 고 이 지 신

예전에 배운 것을 거듭 익히되
새로운 것도 알고,

敦厚以崇禮니라.
돈 후 이 숭 례

쌓은 소양을 더욱 가꾸고 예를
소중히 지킨다.

是故로
시 고

이런 까닭으로

居上不驕하며
거 상 불 교

윗자리에서 교만하지 않고

---

108 도(道) : '말미암다 · 따르다'는 뜻이다.

爲下不倍라. 위 하 불 배	아랫사람이 되어 배신하지 않는다.
國有道에 국 유 도	나라가 다스려질 때엔
其言이 足以興이요, 기 언 족 이 흥	그의 말이 쓰일 수 있고,
國無道에 국 무 도	나라가 다스려지지 않을 때에도
其默이 足以容이니, 기 묵 족 이 용	그의 침묵이 용납된다.
詩曰 시 왈	『시』[109]에서
旣明且哲하여 기 명 차 철	"현명하고도 지혜로워
以保其身이라하니 이 보 기 신	그 몸을 보전한다" 한 것은
其此之謂與인저! 기 차 지 위 여	이것을 말함이로다!

 지극한 덕으로 지극한 도를 완성한 성인의 위대함을 찬미하며 문장을 시작하고 있다. 물론 그 지극한 덕은 '성(誠)'을 바탕으로 하고 있다. 그러므로 만물에 그 덕화(德化)가 미치기 때문에 만물을 길러주는 하늘의 덕과 나란할 수 있다. 이처럼 위대한 성인의 도는 예를 통하여 발현된다.

---

109 『시』: 『시경』의 「대아(大雅)・증민(蒸民)」편이다.

예는 행위의 준칙이다. 덕을 이룩한 사람은 행위를 통하여 그 덕을 드러낸다. 그 행위의 양식이 바로 예이며, 그러므로 예에는 절차마다 이념과 의미가 부여되어 있다. 그러므로 예는 내용을 담는 형식이며, 내용을 담지 못하는 예는 허례(虛禮)가 된다. 그 이념과 의미를 깊이 알고 예를 실천하는 사람이 군자이며, 그런 군자들이 모여 절제된 행동을 함으로써 정돈되고 안정된 사회가 도가 구현된 사회인 것이다.

그러므로 성인은 300여 조의 기준이 되는 예와 3천여 조의 세부적인 예절들을 완비하여 도가 실현되도록 하였다. 기준이 되는 예는 관혼상제(冠婚喪祭)와 같은 큰 항목을 말하고, 세부적인 예절은 진퇴승강(進退升降)과 같이 기준이 되는 예를 시행할 때의 자잘한 절차를 말한다. 300과 3천의 숫자에 대해서는 분명치 않지만 관례도 사관례(士冠禮)·제후관례(諸侯冠禮)·천자관례(天子冠禮)가 각각 다르기 때문에 이렇게 나누면 300여 조가 되고, 각각의 큰 항목에 따른 세부적인 절차를 구분하면 3천여 조가 되는 것으로 보았다.

그러나 이러한 예가 완비되어 있어도 그 이념과 의미를 분명하게 알고 시행하여 성인의 도를 구현할 수 있는 사람은 흔치 않다. 이미 시대가 바뀌어 내용을 담지 못하는 그릇이 되어버렸는데 그 그릇을 고집하며 절차에만 익숙한 예법가들이 행세하는 시대에는 도가 구현될 수 없기 때문이다. 예는 도를 구현하는 수단일 뿐이다. 군자가 덕을 쌓고 도를 구현하는 수단이 예인 것이다. 그러므로 지극한 덕이 전제되지 않고서는 지극한 도가 이루어지지 않는다. 덕을 쌓은 군자를 만나야 예가 시행되고 도가 행해질 수 있는 까닭이다.

그러므로 사람은 덕을 먼저 쌓아야 한다. 덕을 쌓기 위해서는 나의 내면에 있는 하늘이 주신 본연의 덕을 높이어 가꾸고, 나보다 먼저 공부하고 덕이 높은 사람을 찾아가 묻고 배워야 한다. 나의 덕을 가꾸되 광대하고 고명하도록 최선을 다하고, 묻고 배우되 정밀하게 살펴서 치우침이 없도록 하여야 한다. 예전에 배워 두텁게 쌓아둔 소양도 거듭 익혀 더욱 두텁게 하고, 새로운 것을 묻고 배우며, 예의 이념과 의미를 살펴 소중히 지켜 나간다. 이것이 덕을 쌓는 방법이다. 이 단락은 덕을 쌓는 방법을 두고 주희와 육구연(陸九淵)이 논쟁을 벌여 첨예하게 대립한 것으로 유명하다. 존덕성(尊德性)과 도문학(道問學)의 방법론을 두고, 육구연은 전자를 주희는 후자를 상대적으로 중시하였다.

　이렇게 덕을 쌓은 사람은 교만하지 않고, 나의 이해에 따라 사람을 배신하지 않으며, 말할 때와 침묵할 때를 안다. 현명하고 지혜롭게 자신을 지켜갈 수 있는 것이다. 명철보신(明哲保身)은 원래 이렇게 깊고 훌륭한 뜻을 가진 말이었지만 요즈음은 부정적인 의미로 자주 사용된다.

제28장

1

子曰
자 왈

공자께서

愚而好自用하며,
우 이 호 자 용

"어리석으면서 〔자신의 견해가〕
쓰이기를 좋아하고

賤而好自專이요,
천 이 호 자 전

지위가 낮으면서 마음대로
하기를 좋아하고

生乎今之世하여
생 호 금 지 세

지금 세상에 태어나서

反古之道면,
반 고 지 도

옛 시대의 방법으로
돌아가고자 한다면

如此者는
여 차 자

이와 같은 사람에게는

烖[110]及其身者也니라.
재   급 기 신 자 야

재앙이 자신에게 미친다" 하였으니

非天子면
비 천 자

천자가 아니면

---

110 재(烖) : '災'와 같은 글자이다.

| 不議禮하며, | 예법을 논의하여 제정하지 못하며 |
| 불 의 례 | |

不制度하며,   제도를 만들지 못하며
부 제 도

不考文이니라.   문자를 헤아려 결정하지 못한다.
불 고 문

今天下   지금 온 세상이
금 천 하

車同軌하며,   수레의 바퀴 규격을 같이하고
거 동 궤

書同文하며,   문자의 자형(字形)을 같이하고
서 동 문

行同倫이니라.   행위의 윤리 기준을 같이하고 있다.
행 동 륜

雖有其位나   비록 그러한 지위에 있으나
수 유 기 위

苟無其德이면   만약 그러한 덕이 없다면
구 무 기 덕

不敢作禮樂焉이며,   감히 예악을 제정하지 못하며,
불 감 작 례 악 언

雖有其德이나   비록 그러한 덕이 있더라도
수 유 기 덕

苟無其位면   만약 그러한 지위가 없다면
구 무 기 위

亦不敢作禮樂焉이니라.   역시 감히 예악을 제정하지
역 불 감 작 례 악 언   못하는 것이다.

子曰 자 왈	공자께서 말씀하였다.
吾說夏禮나 오 설 하 례	"내가 하(夏)나라의 예법을 이야기할 수 있지만
杞不足徵也요, 기 부 족 징 야	기(杞)나라가 증명해 줄 수 없고,
吾學殷禮하니 오 학 은 례	내가 은(殷)나라의 예법을 배웠는데
有宋存焉이어니와, 유 송 존 언	송(宋)나라에 아직 남아 있지만 〔옛 것이고〕,
吾學周禮하니 오 학 주 례	나는 주(周)나라의 예법도 배웠는데
今用之라 금 용 지	지금 이것을 사용하고 있기 때문에
吾從周하리라. 오 종 주	나는 주나라의 예법을 따르리라."

 현우(賢愚)는 원래 덕을 기준으로 하는 말이다. 그러므로 어리석다는 말은 덕이 부족하다는 말이다. 덕이 부족하고, 합당한 지위에 있지 않으면서 자기의 덕과 지위를 벗어난 일을 하려는 사람들을 공자가 꾸짖었다. 동시에 시대의 변화를 무시하고 예법이나 제도를 시행하려는 사람들도 준열히 꾸짖고 있다. 『논어』에도 증자의 말이기는 하지만 "군자는 그 지위

에 합당한 생각을 한다(君子思不出其位)"는 말이 있고, 공자는 "고운 삼베로 만든 관을 쓰는 것이 예법에 맞지만 지금 사람들이 검소한 관을 쓰기 때문에 나도 지금 사람들을 따르겠다"고 하여 시대의 변화에 적응하는 합리적인 예법과 제도를 주장하였다.

공자의 말을 먼저 인용한 뒤, 『중용』의 저자는 그러므로 천자만이 예법과 제도와 문자를 제정할 수 있다고 한다. 이때의 천자는 지위와 덕을 함께 말한다고 보아야 할 것이다. 천자의 지위에 부합하는 덕을 가진 천자만이 예악을 제정하고 제도를 만들 수 있다는 말일 것이다. 마지막으로 공자의 말을 다시 인용하여 공자가 시대와 환경 변화에 따른 합리적인 제도와 예법을 지향하였음을 말하였다. 이 장에는 여러 가지 논리들이 함께 섞여 있지만 종합하면, 덕과 지위를 갖춘 이상적인 지도자가 시대에 부합하는 합리적인 제도를 시행하기를 바라는 유가의 이상이 담겨 있다. 마지막의 공자 말씀은 『논어』에도 실려 있다. 단 『논어』에서는 은나라의 예법을 송나라가 증명해 줄 수 없다고 하여 차이가 있고, 주나라의 예법에 대한 말도 없다.

이 단락은 『중용』의 저술 시기 및 저자와 관련하여 자주 거론되는 부분이다. "지금 온 세상이 거동궤(車同軌)·서동문(書同文)하고 있다"고 하였는데, 이를 진(秦)나라가 천하를 통일하고 난 뒤의 상황으로 보기 때문이다. 제도의 제정을 천자만이 할 수 있다고 한 부분도, 천자의 절대 권위가 강화된 진나라나 한나라 때의 말이라는 것이다. 진한(秦漢)이 아니더라도, 적어도 천하통일을 지향하던 전국시대 말기의 상황을 반영한 것이라고도 한다. 어쨌든 자사(子思)가 저술한 것은 아니라는 것이다. 자사는 춘추 말기에 태어나서 전국 초기를 살다간 사람이기 때문이다. 그러나 한편으로 만약 자사가 『중용』을 저술하였다면, 그 시기는 형식적으로나마 주 왕실의 영향력이 제후국에게 미치고 있었기 때문에 도량형과 문자가 통일되어 있다고 하였을 수도 있다. 만약 주 왕실의 권위가 무너져 제후들이 자국의 제도를 마음대로 하고 있었다면, 제도의 통일을 통해 천자와 주 왕실의 권위를 회복하고 싶었던 자사의 염원을 담은 문장으로 볼 수도 있을 것이다.

주희는 28장을 27장의 "아랫사람이 되어 배신하지 않는다"는 말을 부연한 것으로 보았다. 덕을 갖춘 천자가 하여야 할 일을 덕과 지위가 없는 자들이 하려 하는 것을 꾸짖고 있기 때문이다.

제29장

1

王天下가
왕 천 하

천하를 다스림에는

有三重焉이니
유 삼 중 언

[예법·제도·문자의] 세 가지 중요한 것이 있는데,

其寡過矣乎인저!
기 과 과 의 호

[그것을 잘 시행하면] 허물이 적을 것이로다!

上焉者는
상 언 자

윗시대의 것은

雖善이나 無徵이니,
수 선   무 징

비록 훌륭하더라도 증명할 것이 남아 있지 않고

無徵이라 不信이요,
무 징   불 신

증명할 것이 남아 있지 않으니 믿지 않고

不信이라 民弗從이니라.
불 신   민 부 종

믿지 않기 때문에 백성들이 따르지 않는다.

下焉者는
하 언 자

아랫자리에 있는 사람은

雖善이나 不尊이니,   비록 훌륭하더라도 존귀하지 않고
수선 부존

不尊이라 不信이요,   존귀하지 않기 때문에 믿지 않고
부존 불신

不信이라 民弗從이니라.   믿지 않기 때문에 백성들이
불신 민불종   따르지 않는다.

故로 君子之道는   그러므로 〔천하를 다스리는〕
고 군자지도   군자의 도는

本諸身하여   자신의 몸에 근본을 두고
본저신

徵諸庶民하며,   백성들에게서 징험하며,
징저서민

考諸三王而不謬하며,   삼왕(三王)에게 견주어 보아도
고저삼왕이불류   어긋나지 않으며,

建諸天地而不悖하며,   천지에 세워도 어그러지지 않으며,
건저천지이불패

質諸鬼神而無疑하며,   귀신에게 물어보아도
질저귀신이무의   의심이 없으며,

百世以俟聖人而不惑이니라.   백세 뒤의 성인을 기다려
백세이사성인이불혹   〔물어보더라도〕 의혹이 없다.

質諸鬼神而無疑는
질 저 귀 신 이 무 의

귀신에게 물어보아도
의심이 없는 것은

知天也요,
지 천 야

하늘을 아는 것이요,

百世以俟聖人而不惑은
백 세 이 사 성 인 이 불 혹

백세 뒤의 성인을 기다려
〔물어보더라도〕 의혹이 없는 것은

知人也니라.
지 인 야

사람을 아는 것이다.

是故로 君子는
시 고   군 자

이런 까닭으로 군자는

動而世爲天下道니
동 이 세 위 천 하 도

움직이면 대대로 천하의
도리가 되고

行而世爲天下法하며,
행 이 세 위 천 하 법

시행하면 대대로 천하의 법이 되며

言而世爲天下則이라,
언 이 세 위 천 하 칙

말하면 대대로 천하의 준칙이 된다.

遠之則有望이요,
원 지 즉 유 망

멀리 있으면 우러러보고

近之則不厭이니라.
근 지 즉 불 염

가까이 있어도 싫지 않다.

詩曰
시 왈

『시』[111]에서

在彼無惡하며,
재 피 무 오

在此無射이라.
재 차 무 역

庶幾夙夜하여,
서 기 숙 야

以永終譽라 하니,
이 영 종 예

君子未有不如此
군 자 미 유 불 여 차

而蚤[112]有譽於天下者也니라.
이 조   유 예 어 천 하 자 야

"저기에 있어도 밉지 않고

여기에 있어도 싫지 않네.

아마도 밤낮으로 노력하여

명예를 길이 누리리라!" 하니

군자가 이와 같이 하지 않고서

일찍이 천하에 명예가 있었던 사람은 없다.

    28장을 이어 지위를 가진 지도자가 시대에 부합하는 제도를 시행하여야 백성들이 따르게 됨을 말하였다. 그러나 그 지위는 덕으로부터 얻어지는 것이기 때문에 자신의 덕을 먼저 닦아 백성들이 감화되도록 하여야 하고, 백성들이 나의 덕에 감화된 뒤에는 고대의 성왕과 천지와 귀신 및 후세의 성왕들과도 어긋나지 않는 제도를 시행하여야 한다. 이렇게 노력하여 덕을 쌓아 다스림을 펼치는 지도자는 당대뿐만 아니라 후세까지 영원히 칭송받는 모범이 된다. 훌륭한 지도자가 가야 할 길을 말한 것이다.
    주희는 29장을 27장의 "윗자리에서 교만하지 않다"는 말을 부연한 것

---

111 「시」: 『시경』의 「주송(周頌)・진로(振鷺)」편이다.
112 조(蚤): '早'와 같은 의미이다.

으로 보았다. 임금의 자리에 있으면서 덕을 닦지 않고 교만하다면 후세에 길이 모범이 되는 군주가 되지 못할 것이다.

제30장

1
仲尼는 祖述堯舜하시고,
_{중니 조술요순}

중니께서는 요순을 근본으로 삼아
〔그 도를〕이어 전하시고,

憲章文武하시며,
_{헌장문무}

문왕과 무왕을 법으로
삼아 지키시며,

上律天時하시고,
_{상률천시}

위로는 하늘의 때를 따르시고,

下襲[113]水土하시니라.
_{하습 수토}

아래로는 풍토와 조화를 이루셨다.

辟如天地之無不持載
_{비여천지지무부지재}

비유하자면 땅이 실어주지
않음이 없고

無不覆幬하며,
_{무불부도}

하늘이 덮어서 가리지 않음이
없는 것과 같으며,

辟如四時之錯行하며,
_{비여사시지착행}

비유하자면 사계절이 바뀌며
운행하고

---

113 습(襲) : '알맞다·조화를 이루다'는 뜻이다. 주희는 '인(因)'의 뜻으로 보고 '~에 근거하여 처신하다'는 뜻으로 해설하였다.

如日月之代明이니라.
여 일 월 지 대 명

해와 달이 교대로 빛나는 것과 같다.

　17·18·19장에서 순 임금과 문왕·무왕·주공이 지극한 덕으로 천하를 다스렸음을 말하였고, 이 장에서는 공자가 성덕(聖德)을 갖추어 요·순과 문·무의 도통을 계승하였음을 말하였다. 공자는 비록 성왕의 지위에 오르지는 못하였지만 하늘과 땅의 원리에 순응하여 천시(天時)를 따르고 수토(水土)와 조화를 이루었다. 천시를 따랐다는 것은 하늘이 안배한 원리에 따라 때에 알맞은 처신을 하였다는 것이니 시중(時中)을 말하는 것이며, 수토와 조화를 이루었다는 것은 머무르는 곳에 따라 가장 알맞은 처신을 하였다는 것이니, 예컨대 노나라에 있을 때는 소매가 긴 옷을 입고, 송나라에 있을 때는 장보관(章甫冠)을 쓰는 따위이다. 공자는 주어진 시간과 공간에서 최선의 실천을 하였으니 이것이 바로 중용의 도다. 그러므로 그의 덕은 사시와 일월이 순환하는 것처럼 어긋남이 없고, 천지가 만물을 덮어주고 실어주는 덕과 합치된다.

2

萬物並育而不相害하며,
만 물 병 육 이 불 상 해

만물은 함께 자라되 서로
방해하지 않으며,

道並行而不相悖라,
도 병 행 이 불 상 패

도는 함께 운행하되 서로
어긋나지 않는다.

小德은 **川流**요,
소 덕　　　천 류

작은 덕은 냇물처럼 쉼 없이
갈래져 흐르고,

大德은 敦化니,
대덕   돈화

큰 덕은 〔만물의〕 화육(化育)[114]을 도타이 하니

此天地之所以爲大也니라.
차 천 지 지 소 이 위 대 야

이것이 천지가 위대한 까닭이다.

　이 단락은 천지의 위대함을 말한 듯하지만 위의 단락을 이어 공자의 덕이 천지의 위대함과 같음을 말한 것이다. 하늘과 땅 사이에는 만물이 함께 자라고 있지만 각각의 본성을 따라 삶을 영위할 뿐 서로의 삶에 방해가 되지 않는다. 만물은 각기 자신이 가야 할 길〔도(道)〕을 따라가지만 그 길들이 서로 부딪치지 않는다. 사시와 일월의 운행이 순서에 따라 이루어지니 어긋나는 법이 없는 것이다. 『중용』의 저자는 너무나 조화로운 자연계의 질서 속에서 천지의 덕을 보았다. 만물이 생겨나 자라도록 하는 천지의 큰 덕과, 시냇물이 천만 갈래로 갈라져 제 물길 따라 쉬지 않고 흐르듯 천하만물이 각자의 삶을 이루도록 도와주고 있는 천지의 작은 덕을 본 것이다. 그래서 천지가 위대한 것이며, 공자는 그 천지의 위대한 덕을 닮아 있다.

---

114 화육(化育) : 화생장육(化生長育). 천지가 만물을 생겨나게 하고 길러줌을 말한다.

제31장

1

唯天下至聖이라야
유 천 하 지 성

오직 천하의 지극한 성인이라야

爲能聰明睿知가
위 능 총 명 예 지

능히 총명과 예지가

足以有臨也니,
족 이 유 림 야

〔세상에〕 임하기에 넉넉하니,

寬裕溫柔가
관 유 온 유

너그럽고 온유함으로

足以有容也며,
족 이 유 용 야

넉넉히 포용할 수 있으며,

發強剛毅가
발 강 강 의

힘차고 굳셈으로

足以有執也며,
족 이 유 집 야

넉넉히 지켜갈 수 있으며,

齊莊中正이
재 장 중 정

장중하고 치우침 없는 올바름으로

足以有敬也며,
족 이 유 경 야

넉넉히 경건할 수 있으며,

文理密察이
문 리 밀 찰

조리 있고 정밀함으로

足以有別也니라.
족 이 유 별 야

넉넉히 분별할 수 있으니,

溥博淵泉하여
부 박 연 천

두루 미치고 넓으며 깊고도
근원이 있어

而時出也니라.
이 시 출 야

상황에 따라 발현된다.

溥博은 如天하고,
부 박   여 천

두루 미치고 넓음은 하늘같고,

淵泉은 如淵이라,
연 천   여 연

깊고도 근원이 있음은 못과 같으니,

見而民莫不敬하며,
현 이 민 막 불 경

나타나면 백성들이
공경하지 않음이 없고,

言而民莫不信하며,
언 이 민 막 불 신

말씀하면 백성들이
믿지 않음이 없고,

行而民莫不說이니라.
행 이 민 막 불 열

시행하면 백성들이
기뻐하지 않음이 없다.

是以로 聲名이
시 이   성 명

그러므로 명성이

洋溢乎中國하여,
양 일 호 중 국

중국(中國)[115]에 넘치고

---

115 중국(中國) : 상고시대에 오늘날 한족의 먼 조상들이 황하 유역에 거주하면서 자신들의

施[116]及蠻貊하여,
이 급 만 맥

오랑캐 땅에도 뻗어 미치니

舟車所至와
주 거 소 지

배와 수레가 이르는 곳과

人力所通과
인 력 소 통

사람의 힘이 쓰이는 곳과

天之所覆와
천 지 소 부

하늘이 덮어주는 곳과

地之所載와
지 지 소 재

땅이 실어주는 곳과

日月所照와
일 월 소 조

해와 달이 비치는 곳과

霜露所隊[117]에
상 로 소 추

서리와 이슬이 내리는 곳의

凡有血氣者가
범 유 혈 기 자

모든 혈기가 있는 자들은

莫不尊親이니
막 불 존 친

존경하고 친애하지 않음이 없으니,

故로 曰配天이니라.
고   왈 배 천

그러므로 하늘과 짝을
이룬다고 한다.

거주지를 천하의 중앙이라고 생각하고 중국이라고 불렀으며, 주변 지역들을 사방(四方), 혹은 사이(四夷)라고 하였다. 지역적으로는 대체로 중원(中原) 지역을 말한다.
116 이(施) : '뻗어 나가다'는 뜻이다. 발음이 '이'이다.
117 추(隊) : '墜'의 가차자이다. '내리다·떨어지다'는 뜻이다.

30장을 이어서 성인이 갖춘 인의예지(仁義禮智)의 덕이 하늘과 짝을 이루는 것을 찬탄하였다. 너그럽고 온유함은 인의 덕이요, 힘차고 굳셈은 의의 덕이며, 장중하고 치우침 없는 올바름은 예의 덕이요, 조리 있고 정밀함은 지의 덕이니 사덕을 고루 갖추고 세상에 임하여 천하를 다스리는 것이다. 그러므로 세상 모든 곳의 숨쉬고 있는 존재들은 모두 성인을 존경하고 친애하는 것이다. 주희는 이 장이 냇물처럼 갈래져 흐르는 성인의 작은 덕을 설명한 것이라고 하였다.

제32장

1

唯天下至誠이아
유 천 하 지 성

오직 세상에서 가장 지극한
진실함이라야

爲能經綸天下之大經하며,
위 능 경 륜 천 하 지 대 경

천하의 큰 준칙을
경륜(經綸)¹¹⁸할 수 있으며,

立天下之大本하며,
립 천 하 지 대 본

천하의 큰 근본을 세울 수 있으며,

知天地之化育이니,
지 천 지 지 화 육

천지의 화육(化育)을 알 수 있으니,

夫焉有所倚리오!
부 언 유 소 의

어찌 치우치는 바가 있으랴!

肫肫其仁이며,
준 준 기 인

간곡하고 지극한 어짊이며,

淵淵其淵이며,
연 연 기 연

고요하고 깊은 못과 같으며,

浩浩其天이니라.
호 호 기 천

넓고 큰 하늘과 같으니,

---

118 경륜(經綸) : 원래 실을 다루는 일을 말한다. '경'은 가닥을 간추려 나누는 일이고, '륜'은 종류별로 합치는 일인데, 조직하고 계획하여 다스리다·제도를 마련하여 다스리다 등의 의미로 확대되었다.

| 苟不固聰明聖知達天德者면 | 만약 참으로 총명하고 지혜로워 |
| 구불고총명성지달천덕자 | 하늘의 덕에 도달한 자가 아니라면 |

| 其孰能知之리오! | 누가 알 수 있으랴! |
| 기숙능지지 | |

   31장을 이어 다시 천하를 경륜하고, 천하의 근본을 세우는 성인의 덕을 찬미하였다. 여기서는 성인의 성인됨이 지성(至誠) 때문임을 말하였다. 지극한 진실함으로 치우침 없는 중용의 도를 실천하여 하늘처럼 위대한 성인의 덕을 묘사하고 있다. 그러나 이러한 성인도 보통 사람은 알아보지 못한다. 그와 같은 경지에 도달하여야 그를 알아본다. 마치 공자를 알아보는 제후들이 없었던 것처럼. 주희는 이 장이 천지의 화육을 돕는 성인의 큰 덕을 설명한 것이라고 하였다.

제4편 도의 완성 :
다시 신독(愼獨)을 말하다

    제4편은 33장의 한 장만을 말하는데, 주희의 설명에 따르면 『중용』 전체의 핵심 내용을 요약하여 반복·강조하였다. 이 편은 여덟 차례에 걸친 『시경』 인용과 그에 대한 해설의 형식으로 이루어져 있다. 1장부터 32장까지 논의해 온 주제들과 관련하여, 『시경』의 구절을 원래의 의미대로 빌려 오거나 때로는 단장취의(斷章取義)하여 전체를 총결한 것이다.

    『중용』은 신독(愼獨)을 '성지(誠之)', 즉 '진실하고자 함'의 핵심으로 보고 있다. 33장에는 신독이라는 말이 전혀 보이지 않지만 내용의 핵심은 신독이다. 좀더 구체적으로 말하면, 앞부분에서 신독과 신독에 힘써야 함을 이야기하고, 뒷부분에서 신독을 통해 성을 체현한 군자의 덕화에 대해 말한 뒤, 도체(道體)에 대한 이야기로 『중용』을 끝맺었다. 이는 1장에서 성(性)·도(道)·교(敎)를 말한 뒤에 신독을 이야기하고 중화로 끝맺음과 상통한다. 성(性)·도(道)·교(敎)의 본질은 신독이며 신독을 통해 중화를 이룰 때 천지만물도 감응한다〔위(位)·육(育)〕는 논리이기 때문이다. 그러므로 옛날의 학자들은 1장이 『중용』 전체의 강령이고 33장은 『시경』을 인용하여 그 강령을 다시 요약 강조함으로써 수미(首尾)가 상응한다고 하였다.

제33장

1

詩曰
시 왈

『시』[119]에서

衣錦尙絅이라 하니,
의 금 상 경

"비단옷을 입고 홑옷을 덧입는다"
하였으니

惡其文之著也라.
오 기 문 지 저 야

그 문채가 드러남을 미워한 것이다.

故로 君子之道는
고   군 자 지 도

그러므로 군자의 도는

闇然而日章하고,
암 연 이 일 장

어두운 듯하지만 날로 빛나고,

小人之道는
소 인 지 도

소인의 도는

的然而日亡하나니,
적 연 이 일 망

분명한 듯하지만 날로 사라지는 것이다.

君子之道는
군 자 지 도

군자의 도는

---

[119] 『시』: 『시경』에는 이 구절이 보이지 않는다. 다만, 「위풍(衛風)·석인(碩人)」과 「정풍(鄭風)·봉(丰)」에 "의금경의(衣錦褧衣)"라는 유사한 구절이 보이는데, 의미는 같다.

淡而不厭하며,
담 이 불 염

담박하지만 싫어지지 않으며,

簡而文하며,
간 이 문

간소(簡素)하지만 아름다우며,

溫而理니,
온 이 리

온유하지만 조리가 있으니,

知遠之近하며,
지 원 지 근

먼 것이 가까운 것에서
비롯함을 알고,

知風之自하며,
지 풍 지 자

바람이 불면 어디로부터
온 것인지를 알고,

知微之顯이면,
지 미 지 현

은미(隱微)한 것이
드러남을 안다면,

可與[120]入德矣리라.
가 여   입 덕 의

덕(德)으로 들어갈 수 있을 것이다.

    군자와 소인의 갈림길을 옷 입는 법을 가지고 설명하였다. 비단옷을 입고 얇은 옷을 덧입는 것은 비단의 화려한 문채를 가리고자 함이다. 속은 아름답고 겉은 소박한 것이 군자를 닮았다. 소박한 겉옷을 보고 사람들은 평범하다고 여기지만 비단의 무늬는 은은하게 우러나온다. 군자의 덕이 그러하다. 담박하고 소박하고 부드러워 사람들은 그를 우리네 보통 사람

---

120 여(與) : 조사로서 '以'와 용법이 같다.

처럼 생각한다. 그러나 담박하기 때문에 싫증나지 않고, 소박하지만 은은한 덕이 우러나오며, 부드럽지만 사리를 분명하게 분별한다. 사리에 밝기 때문에 세상일의 추이를 헤아려 알고 근신한다. 그러므로 덕이 쌓이는 것이다. 소인은 비단옷을 입고 거리를 활보하는 사람과 같다. 겉은 화려하지만 내면에 온축된 덕이 없다. 사람들은 그 화려한 겉을 보고 군자인 줄 알고 다가가지만 곧 싫증이 난다. 덕이 없는 내면을 보게 된 것이다.

2

詩云
시 운

『시』[121]에서

潛雖伏矣나
잠 수 복 의

"잠겨서 비록 엎드려 있으나

亦孔之昭라 하니,
역 공 지 소

여전히 몹시 잘 보인다" 하였으니

故로 君子는
고   군 자

그러므로 군자는

內省不疚하여
내 성 불 구

안으로 살펴보아 허물이 없어

無惡於志니,
무 오 어 지

나의 뜻에 부끄러움이 없으니,

君子之所不可及者는
군 자 지 소 불 가 급 자

〔보통사람이〕 군자에게
미칠 수 없는 것은

---

121 『시』: 『시경』의 「소아(小雅)・정월(正月)」편이다.

제4편 도의 완성 :
다시 신독(愼獨)을 말하다

　제4편은 33장의 한 장만을 말하는데, 주희의 설명에 따르면 『중용』 전체의 핵심 내용을 요약하여 반복·강조하였다. 이 편은 여덟 차례에 걸친 『시경』 인용과 그에 대한 해설의 형식으로 이루어져 있다. 1장부터 32장까지 논의해 온 주제들과 관련하여, 『시경』의 구절을 원래의 의미대로 빌려 오거나 때로는 단장취의(斷章取義)하여 전체를 총결한 것이다.
　『중용』은 신독(愼獨)을 '성지(誠之)', 즉 '진실하고자 함'의 핵심으로 보고 있다. 33장에는 신독이라는 말이 전혀 보이지 않지만 내용의 핵심은 신독이다. 좀더 구체적으로 말하면, 앞부분에서 신독과 신독에 힘써야 함을 이야기하고, 뒷부분에서 신독을 통해 성을 체현한 군자의 덕화에 대해 말한 뒤, 도체(道體)에 대한 이야기로 『중용』을 끝맺었다. 이는 1장에서 성(性)·도(道)·교(敎)를 말한 뒤에 신독을 이야기하고 중화로 끝맺음과 상통한다. 성(性)·도(道)·교(敎)의 본질은 신독이며 신독을 통해 중화를 이룰 때 천지만물도 감응한다〔위(位)·육(育)〕는 논리이기 때문이다. 그러므로 옛날의 학자들은 1장이 『중용』 전체의 강령이고 33장은 『시경』을 인용하여 그 강령을 다시 요약 강조함으로써 수미(首尾)가 상응한다고 하였다.

제33장

1

詩曰
시 왈

『시』[119]에서

衣錦尚絅이라 하니,
의 금 상 경

"비단옷을 입고 홑옷을 덧입는다" 하였으니

惡其文之著也라.
오 기 문 지 저 야

그 문채가 드러남을 미워한 것이다.

故로 君子之道는
고   군 자 지 도

그러므로 군자의 도는

闇然而日章하고,
암 연 이 일 장

어두운 듯하지만 날로 빛나고,

小人之道는
소 인 지 도

소인의 도는

的然而日亡하나니,
적 연 이 일 망

분명한 듯하지만 날로 사라지는 것이다.

君子之道는
군 자 지 도

군자의 도는

---

[119] 『시』: 『시경』에는 이 구절이 보이지 않는다. 다만, 「위풍(衛風)・석인(碩人)」과 「정풍(鄭風)・봉(丰)」에 "의금경의(衣錦褧衣)"라는 유사한 구절이 보이는데, 의미는 같다.

淡而不厭하며,
담 이 불 염
담박하지만 싫어지지 않으며,

簡而文하며,
간 이 문
간소(簡素)하지만 아름다우며,

溫而理니,
온 이 리
온유하지만 조리가 있으니,

知遠之近하며,
지 원 지 근
먼 것이 가까운 것에서
비롯함을 알고,

知風之自하며,
지 풍 지 자
바람이 불면 어디로부터
온 것인지를 알고,

知微之顯이면,
지 미 지 현
은미(隱微)한 것이
드러남을 안다면,

可與[120]入德矣리라.
가 여   입 덕 의
덕(德)으로 들어갈 수 있을 것이다.

　　군자와 소인의 갈림길을 옷 입는 법을 가지고 설명하였다. 비단옷을 입고 얇은 옷을 덧입는 것은 비단의 화려한 문채를 가리고자 함이다. 속은 아름답고 겉은 소박한 것이 군자를 닮았다. 소박한 겉옷을 보고 사람들은 평범하다고 여기지만 비단의 무늬는 은은하게 우러나온다. 군자의 덕이 그러하다. 담박하고 소박하고 부드러워 사람들은 그를 우리네 보통 사람

---

[120] 여(與) ; 조사로서 '以'와 용법이 같다.

처럼 생각한다. 그러나 담박하기 때문에 싫증나지 않고, 소박하지만 은은한 덕이 우러나오며, 부드럽지만 사리를 분명하게 분별한다. 사리에 밝기 때문에 세상일의 추이를 헤아려 알고 근신한다. 그러므로 덕이 쌓이는 것이다. 소인은 비단옷을 입고 거리를 활보하는 사람과 같다. 겉은 화려하지만 내면에 온축된 덕이 없다. 사람들은 그 화려한 겉을 보고 군자인 줄 알고 다가가지만 곧 싫증이 난다. 덕이 없는 내면을 보게 된 것이다.

2

詩云 (시운) 『시』[121]에서

潛雖伏矣나 (잠수복의) "잠겨서 비록 엎드려 있으나

亦孔之昭라 하니, (역공지소) 여전히 몹시 잘 보인다" 하였으니

故로 君子는 (고 군자) 그러므로 군자는

內省不疚하여 (내성불구) 안으로 살펴보아 허물이 없어

無惡於志니, (무오어지) 나의 뜻에 부끄러움이 없으니,

君子之所不可及者는 (군자지소불가급자) 〔보통사람이〕 군자에게 미칠 수 없는 것은

---

[121] 『시』: 『시경』의 「소아(小雅)·정월(正月)」편이다.

其唯人之所不見乎인저!
기 유 인 지 소 불 견 호

오직 사람들이 보지 못하는
그 〔마음〕자리로다!

    군자는 세상을 피해 있어도 저절로 빛이 난다. 내면에 덕이 쌓여 있기 때문이다. 스스로의 마음자리를 돌아보아 부끄러움이 없도록 덕을 쌓아 온 것이다. 보통 사람은 그의 마음자리를 모른다. 그러므로 그가 덕을 쌓은 사람인 줄 알지 못한다. 그래서 나와 같이 평범한 사람인 줄 안다. 그러나 군자의 그 마음자리, 남이 모르는 그 마음자리에 부끄러움이 없는 경지는 참으로 어렵다. 평범해 보이지만 같아질 수 없는 경지이다. 그 경지가 바로 신독(愼獨)이 이룩한 경지이다.

3

詩云
시 운

『시』[122]에서

相在爾室한대
상 재 이 실

"네가 방안에 있을 때를 보더라도,

尙不愧于屋漏라 하니,
상 불 괴 우 옥 루

옥루(屋漏)[123]에게조차
부끄럽지 않아야 한다" 하였으니

---

[122] 『시』: 『시경』의 「대아(大雅)·억(抑)」편이다.
[123] 옥루(屋漏): 실내의 서북쪽 구석을 말한다. 그늘지고 어두워 어떤 존재도 없는 듯한 곳이지만 보는 눈이 있는 듯이 근신하여야 한다는 뜻으로 차용하였다.

故로 君子는 그러므로 군자는
고 군자

不動而敬하며, 움직이지 않더라도 〔다른 사람이〕
부 동 이 경 공경하고

不言而信이니라. 말하지 않더라도 〔다른 사람이〕
불 언 이 신 믿는다.

    방의 구석진 곳에조차 부끄럽지 않은 사람은 신독으로 덕을 쌓은 군자다. 이런 사람에게는 항상 사람이 모인다. 왠지 모르지만 끌리기 때문이다. 그냥 있어도 덕이 우러나기 때문이다. 그러므로 행동하지 않아도 존경하게 되고, 믿어달라고 말하지 않아도 신뢰하게 된다.

4

詩曰 『시』[124]에서
시 왈

奏[125]假[126]無言하여 "나아가 〔신명(神明)과〕 감통하여
주   격   무언 말 없으니,

---

124 『시』: 『시경』의 「상송(商頌)·열조(烈祖)」편이다.
125 주(奏): '나아가다'는 뜻이다. '신명(神明)의 앞으로 나아간다'는 말이다.
126 격(假): '格'의 가차자이다. '느껴서 통한다〔감통(感通)〕'는 뜻이다.

時靡有爭이라 하니,
시 미 유 쟁

이때에 다툴 사람이 없다" 하였으니

是故로 君子는
시 고　 군 자

이런 까닭으로 군자가

不賞而民勸하며,
불 상 이 민 권

상을 주지 않아도 백성들은 서로 권면하며,

不怒而民威於鈇鉞이니라.
불 노 이 민 위 어 부 월

노하지 않아도 백성들은 작두나 도끼보다 두려워한다.

　　신독으로 덕을 쌓은 군자는 마치 제사를 지낼 때 신명과 묵묵히 감응하듯 경건하다. 신명과 묵묵히 감응할 때 그 경건한 모습을 보고 사람들이 감화되어 엄숙해지듯 군자의 그 경건한 모습에 백성들은 감화되고 그를 경외하게 된다.

5

詩曰
시 왈

『시』[127]에서

不顯惟德을
불 현 유 덕

"드러나지 않는 덕을

百辟其刑之라 하니,
백 벽 기 형 지

여러 제후들이 본받는다" 하였으니

---

127 『시』: 『시경』의 「주송(周頌)・열문(烈文)」편이다.

| 是故로
_{시 고} | 이런 까닭으로 |
| 君子篤恭而天下平이니라.
_{군 자 독 공 이 천 하 평} | 군자가 공손함을 돈독히 하면 천하가 다스려진다. |

    덕을 쌓은 군자가 천하를 다스리게 되면 비록 그 덕이 미묘하여 드러나지 않지만 제후들이 저절로 그 덕을 본받게 되니 천하를 다스림에 어려움이 없다. 천하가 다스려짐은 군자의 공손함으로 말미암고, 공손함은 덕에서 우러나오고, 덕은 신독으로 이루어지니 신독의 효과가 참으로 크다.

6

詩云 _{시 운}	『시』[128]에서
予懷明德의 _{여 회 명 덕}	"나는 밝은 덕의
不大聲以[129]色이라 하여늘, _{부 대 성 이 색}	소리와 색을 대단하지 않다고 생각한다" 하였는데
子曰 _{자 왈}	공자께서 말씀하셨다.

---

[128] 『시』: 『시경』의 「대아(大雅)·황의(皇矣)」편이다.
[129] 이(以): '與'의 뜻으로 '~와'라는 의미이다.

聲色之於以化民에 _{성 색 지 어 이 화 민}	"음성과 낯빛은 백성들을 교화함에 있어
末也라 하시니라 _{말 야}	말단적인 것이다."

　인용된 『시경』의 구절은 상제(上帝)가 문왕(文王)에게 하신 말씀이라고 한다. 문왕에게 말과 표정으로 백성을 다스릴 것이 아니라 명덕(明德)을 밝혀 백성들이 감화되도록 하라는 말일 것이다. 말과 표정은 겉으로 드러나는 모습이고 덕은 비록 드러나지 않지만 내면의 본질이기 때문이다. 내면의 덕이 충만하면 말과 표정이 없어도 백성은 저절로 감화된다. 그러므로 공자가 말과 표정은 말단이라고 한 것이다.

7

詩云 _{시 운}	『시』[130]에서
德輶如毛라 하니, _{덕 유 여 모}	"덕은 가볍기가 터럭과 같다" 하였으나
毛猶有倫이어니와 _{모 유 유 륜}	터럭은 오히려 비교할 데가 있어,
上天之載는 _{상 천 지 재}	"하늘의 일은

---

[130] 『시』: 『시경』의 「대아(大雅)·증민(蒸民)」편이다.

無聲無臭아 **至矣**니라.
무 성 무 취　　지 의

소리도 없고 냄새도 없다"[131]라고 하여야 지극하다 할 것이다.

　군자가 신독을 통하여 내면에 쌓은 덕은 미묘하여 드러나지 않는다. 드러나지 않지만 백성들은 감화되는 것이다. 이 덕의 드러나지 않는 미묘함을 『시경』에서는 마치 한 올의 터럭과 같다고 하였다. 그러나 터럭은 아직 형체가 있어 드러나지 않는 미묘한 덕을 표현하기에는 부족하다. 그러므로 『중용』의 저자는 다시 한 번 『시경』을 인용한다. 천도(天道)를 이야기하며 말한 "소리도 없고 냄새도 없다"는 구절이, 드러나지 않지만 만물을 감화시키는 덕을 정확하게 표현하였다고 생각한 것이다.
　미묘하여 드러나지 않지만 충만한 덕으로 저절로 만물이 감화되게 하는 군자. 바로 유가가 꿈꾸는 이상적인 인격이다. 그 이상적인 인격이 신독을 통하여 이루어지는 것이다.

---

[131] 이 구절은 『시경』의 「대아(大雅)・문왕(文王)」편에 실려 있다.

찾아보기

ㅣㄱㅣ

가보(家父) 112
강숙(康叔) 64, 74
걸〔걸왕(桀王)〕 101, 103
계력〔季歷, 왕계(王季)〕 206~210
고공단보〔古公亶父, 태왕(太王)〕 206~210
고요(皐陶) 141
『곡량전(穀梁傳)』 15
공부(孔鮒) 27
『공양전(公羊傳)』 15
공영달(孔穎達) 16~18, 26
공자〔孔子, 공구(孔丘)・중니(仲尼)〕 17, 18, 20~27, 32, 44, 45, 48, 61, 69, 70, 77, 78, 81, 88, 109, 122, 136, 141, 147, 149, 156, 157, 160~165, 167, 169, 171~173, 175~177, 179, 185, 189, 194, 196, 197, 199, 200, 202, 204, 206, 211, 218, 223, 224, 234, 235, 239, 247, 264, 266, 267, 274~276, 282, 290, 291
『공자가어(孔子家語)』 223, 224, 234, 235, 237
공자학파 17
『공총자(孔叢子)』 27
『관자(管子)』 45
『관자』「제자직(弟子職)」 45
구범(舅犯) 117, 118
구양수(歐陽修) 22
『국어(國語)・초어(楚語)』(『초서(楚書)』) 117
『국어(國語)』 117
기(夔) 41

ㅣㄴㅣ

노목공(魯繆公) 26
『논어(論語)』 14, 18, 21, 23, 25, 27, 78, 88, 122, 137, 156, 160, 196, 199, 266, 267
『논어집주(論語集註)』 21
『논어』「안연(顏淵)」 78
『논어』「요왈(堯曰)」 137

ㅣㄷㅣ

달마(達磨) 24, 137
『대대례기(大戴禮記)』 16, 17, 27
대덕(戴德) 17
대성(戴聖) 17
『대학장구(大學章句)』 7, 21, 23, 31, 39
「대학장구서(大學章句序)」 39~61
『대학혹문』 146

도통론〔道統論, 도통관(道統觀)〕 24, 137, 145

ㅁ

맹자(孟子) 20, 21, 23~26, 28, 34, 40, 44, 45, 47, 48, 51, 81, 136, 137, 142, 143, 145, 149, 150
『맹자(孟子)』 14, 18, 21, 23, 25, 27, 204
『맹자집주(孟子集註)』 21
『맹자』「이루(離婁)」 27
맹헌자(孟獻子) 128, 131
무정〔武丁, 은고종(殷高宗)〕 141

ㅂ

번지(樊遲) 199
복희(伏羲) 41
부열(傅說) 141

ㅅ

『사기(史記)』 25
『사기』「공자세가(孔子世家)」 25
사마광(司馬光) 21
사마천(司馬遷) 25, 26
사맹학파(思孟學派) 27
『사서장구집주(四書章句集註)』 21
『사서혹문(四書或問)』 146
『서경(書經)』(『서(書)』) 15, 16, 18, 41, 63, 64, 66~68, 98, 114, 118, 137, 141, 216
『서경』「강고(康誥)」 64, 66, 68, 98, 114

『서경』「고요모(皐陶謨)」 141
『서경』「대우모(大禹謨)」 137
『서경』「제전(帝典)」(『서경』「요전(堯典)」) 64
『서경』「진서(秦誓)」 118
『서경』「태갑(太甲)」 64
서적(徐積) 201
석돈(石墪) 144, 146
석씨〔石氏, 석돈(石墪)〕 144, 146
설(契) 41
소공(召公) 141
『소대례기(小戴禮記)』 16
소학(小學) 28, 41, 43, 45, 46
송효종(宋孝宗) 48
순(舜) 임금 16, 34, 41, 65, 101, 103, 136, 137, 140, 141, 143, 162, 165, 166, 202~204, 210, 274, 275
『순자(荀子)』 26, 149
『시경(詩經)』(『시(詩)』) 15, 16, 18, 63, 66, 67, 69~71, 74, 75, 103, 104, 110~112, 182, 183, 185, 195, 198, 201, 203, 256, 257, 261, 271, 272, 283, 284, 286~292
『시경』「대아(大雅)·가락(假樂)」 203
『시경』「대아(大雅)·문왕(文王)」 67, 70, 112, 292
『시경』「대아(大雅)·억(抑)」 74, 198, 287
『시경』「대아(大雅)·증민(蒸民)」 261, 291
『시경』「대아(大雅)·한록(旱麓)」 182, 183
『시경』「대아(大雅)·황의(皇矣)」 290
『시경』「빈풍(豳風)·벌가(伐柯)」 185
『시경』「상송(商頌)·열조(烈祖)」 288

찾아보기

ㄱ

가보(家父) 112
강숙(康叔) 64, 74
걸〔걸왕(桀王)〕 101, 103
계력〔季歷, 왕계(王季)〕 206~210
고공단보〔古公亶父, 태왕(太王)〕 206~210
고요(皐陶) 141
『곡량전(穀梁傳)』 15
공부(孔鮒) 27
『공양전(公羊傳)』 15
공영달(孔穎達) 16~18, 26
공자〔孔子, 공구(孔丘)·중니(仲尼)〕 17, 18, 20~27, 32, 44, 45, 48, 61, 69, 70, 77, 78, 81, 88, 109, 122, 136, 141, 147, 149, 156, 157, 160~165, 167, 169, 171~173, 175~177, 179, 185, 189, 194, 196, 197, 199, 200, 202, 204, 206, 211, 218, 223, 224, 234, 235, 239, 247, 264, 266, 267, 274~276, 282, 290, 291
『공자가어(孔子家語)』 223, 224, 234, 235, 237
공자학파 17
『공총자(孔叢子)』 27
『관자(管子)』 45
『관자』「제자직(弟子職)」 45
구범(舅犯) 117, 118
구양수(歐陽修) 22
『국어(國語)·초어(楚語)』(『초서(楚書)』) 117
『국어(國語)』 117
기(夔) 41

ㄴ

노목공(魯繆公) 26
『논어(論語)』 14, 18, 21, 23, 25, 27, 78, 88, 122, 137, 156, 160, 196, 199, 266, 267
『논어집주(論語集註)』 21
『논어』「안연(顔淵)」 78
『논어』「요왈(堯曰)」 137

ㄷ

달마(達磨) 24, 137
『대대례기(大戴禮記)』 16, 17, 27
대덕(戴德) 17
대성(戴聖) 17
『대학장구(大學章句)』 7, 21, 23, 31, 39
「대학장구서(大學章句序)」 39~61
『대학혹문』 146

도통론〔道統論, 도통관(道統觀)〕 24, 137, 145

|ㅁ|

맹자(孟子) 20, 21, 23~26, 28, 34, 40, 44, 45, 47, 48, 51, 81, 136, 137, 142, 143, 145, 149, 150
『맹자(孟子)』 14, 18, 21, 23, 25, 27, 204
『맹자집주(孟子集註)』 21
『맹자』「이루(離婁)」 27
맹헌자(孟獻子) 128, 131
무정〔武丁, 은고종(殷高宗)〕 141

|ㅂ|

번지(樊遲) 199
복희(伏羲) 41
부열(傅說) 141

|ㅅ|

『사기(史記)』 25
『사기』「공자세가(孔子世家)」 25
사마광(司馬光) 21
사마천(司馬遷) 25, 26
사맹학파(思孟學派) 27
『사서장구집주(四書章句集註)』 21
『사서혹문(四書或問)』 146
『서경(書經)』(『서(書)』) 15, 16, 18, 41, 63, 64, 66~68, 98, 114, 118, 137, 141, 216
『서경』「강고(康誥)」 64, 66, 68, 98, 114

『서경』「고요모(皐陶謨)」 141
『서경』「대우모(大禹謨)」 137
『서경』「제전(帝典)」(『서경』「요전(堯典)」) 64
『서경』「진서(秦誓)」 118
『서경』「태갑(太甲)」 64
서적(徐積) 201
석돈(石𡼖) 144, 146
석씨〔石氏, 석돈(石𡼖)〕 144, 146
설(契) 41
소공(召公) 141
『소대례기(小戴禮記)』 16
소학(小學) 28, 41, 43, 45, 46
송효종(宋孝宗) 48
순(舜) 임금 16, 34, 41, 65, 101, 103, 136, 137, 140, 141, 143, 162, 165, 166, 202~204, 210, 274, 275
『순자(荀子)』 26, 149
『시경(詩經)』(『시(詩)』) 15, 16, 18, 63, 66, 67, 69~71, 74, 75, 103, 104, 110~112, 182, 183, 185, 195, 198, 201, 203, 256, 257, 261, 271, 272, 283, 284, 286~292
『시경』「대아(大雅)·가락(假樂)」 203
『시경』「대아(大雅)·문왕(文王)」 67, 70, 112, 292
『시경』「대아(大雅)·억(抑)」 74, 198, 287
『시경』「대아(大雅)·증민(蒸民)」 261, 291
『시경』「대아(大雅)·한록(旱麓)」 182, 183
『시경』「대아(大雅)·황의(皇矣)」 290
『시경』「빈풍(豳風)·벌가(伐柯)」 185
『시경』「상송(商頌)·열조(烈祖)」 288

『시경』「상송(商頌)·현조(玄鳥)」69
『시경』「소아(小雅)·남산유대(南山有臺)」110
『시경』「소아(小雅)·면만(緜蠻)」69
『시경』「소아(小雅)·상체(常棣)」195
『시경』「소아(小雅)·육소(蓼蕭)」103, 104
『시경』「소아(小雅)·절남산(節南山)」111, 112
『시경』「소아(小雅)·정월(正月)」286
『시경』「위풍(衛風)·기욱(淇奧)」72, 74
『시경』「위풍(衛風)·석인(碩人)」284
『시경』「정풍(鄭風)·봉(丰)」284
『시경』「조풍(曹風)·시구(鳲鳩)」104
『시경』「주남(周南)·도요(桃夭)」103
『시경』「주송(周頌)·열문(烈文)」75, 289
『시경』「주송(周頌)·유천지명(維天之命)」256
『시경』「주송(周頌)·진로(振鷺)」272
신농(神農) 41

ㅣㅇㅣ

안로(顔路) 141
안자〔顔子, 안회(顔回)〕24, 25, 141, 169, 170
애공〔哀公, 희장(姬將)·노애공(魯哀公)〕179, 218, 223, 224, 225, 234, 235
『예경(禮經)』(『예(禮)』) 15, 16
『예기(禮記)』15~18, 21, 23, 25, 27, 39, 45, 63, 118, 135
『예기(禮記)·왕제(王制)』42
『예기』「곡례(曲禮)」45
『예기』「내칙(內則)」45
『예기』「단궁(檀弓)」118
『예기』「대학」39, 49, 82, 85
『예기』「소의(少儀)」45
『예기』「중용」26, 135
『오경정의(五經正義)』18
왕계〔王季, 계력(季歷)〕206~210
왕국유(王國維) 111
왕손어(王孫圉) 117
왕숙(王肅) 223, 224
왕안석(王安石) 22
왕양명(王陽明) 51
요(堯) 임금 16, 25, 41, 64, 65, 101, 103, 136, 137, 140, 143, 162, 204, 274
우(禹) 임금 137, 140, 141
「원도(原道)」25, 137
위무공(衛武公) 74
은공〔隱公, 주은공(邾隱公)〕246
『의례(儀禮)』15, 16
이세민〔李世民, 당태종(唐太宗)〕16
『이아(爾雅)』74
『이아』「석훈(釋訓)」74
이윤(伊尹) 64, 141
이청신(李淸臣) 201

ㅣㅈㅣ

자공(子貢) 247
자로〔子路, 중유(仲由)〕78, 173, 175, 176, 199
자사 저작설(子思著作說) 26, 27
『자사(子思)』23편 26
자사〔子思, 공급(孔伋)·자사자(子思

子)〕 24~28, 44, 136, 141, 143, 149, 157, 239, 267, 268
정공〔定公, 노정공(魯定公)〕 246, 247
정약용(丁若鏞) 51
정이〔程頤, 정자(程子)〕 20, 25, 47, 48, 51, 77, 82, 90, 123, 143~145, 157
정자〔程子, 이정(二程), 정호·정이 형제)〕 77, 82, 90, 144, 145
정현(鄭玄) 26, 123
정호〔程顥, 정자(程子)〕 20, 25, 47, 48, 77, 82, 90, 143~145
제곡(帝嚳) 137
제지(帝摯) 137
조간자(趙簡子) 117
조광윤(趙匡胤) 19
좌구명(左丘明) 117
『좌전(左傳)』 15
주〔紂, 주왕(紂王)〕 101, 103, 113
주공〔周公, 희단(姬旦)〕 34, 141, 206, 207, 211, 212, 216, 218, 275
『주례(周禮)』 16
주무왕〔周武王, 희발(姬發)〕 34, 64, 65, 68, 75, 76, 140, 141, 206, 207, 210, 212, 216, 218, 223, 274, 275
주문왕〔周文王, 희창(姬昌)〕 34, 64, 65, 67, 70, 71, 74~76, 112, 140, 141, 206, 207, 210, 218, 223, 257, 258, 274, 275, 291, 292
주성왕(周成王) 141, 210
『주역(周易)』(『역(易)』·『역경(易經)』) 15, 17, 67, 246
『주역』「십익(十翼)」 17, 18
주희〔朱熹, 주자(朱子)〕 7, 20~28, 31~33, 39, 40, 45, 48~51, 56, 57, 63, 64, 70, 75, 77~79, 81~83,

90~93, 103, 104, 108, 110, 111, 123, 125, 131, 135, 136, 138, 144, 146, 147, 149, 157, 158, 172, 177, 179, 180, 200, 201, 203, 221, 224, 225, 239, 247, 268, 272, 274, 282, 283
『중용설(中庸說)』 25
『중용장구(中庸章句)』 7, 21, 23, 33, 135, 145
「중용장구서(中庸章句序)」 135~146
『중용집략(中庸輯略)』(『집략(輯略)』) 146
『중용집해(中庸集解)』 144
『중용혹문(中庸或問)』(『혹문(或問)』) 146
증자〔曾子, 증삼(曾參)〕 24~28, 44, 45, 48, 49, 63, 87, 88, 136, 141, 266
증점(曾點) 27, 141
진목공(秦穆公) 117, 118
진문공〔晋文公, 중이(重耳)〕 117, 118
진헌공(晉獻公) 118
『집략(輯略)』(『중용집략(中庸輯略)』) 146

| ㅊ |

『초서(楚書)』(『국어(國語)·초어(楚語)』) 117
초소왕(楚昭王) 117
『춘추(春秋)』 15, 17, 18
『춘추좌전(春秋左傳)』 246

| ㅌ |

탕(湯) 임금〔성탕(成湯)〕 64~67, 140
태왕〔太王, 고공단보(古公亶父)〕 206~210
태학(太學) 28, 40~43, 45, 48, 80

| ㅎ |

『한비자(韓非子)』 26
『한서(漢書)』 25
『한서』「예문지(藝文志)」 25, 26, 177
한유(韓愈) 21, 25, 137
『혹문(或問)』(『중용혹문(中庸或問)』) 146
황제(黃帝) 41
『효경(孝經)』 18

| ㅌ |

탕(湯) 임금〔성탕(成湯)〕 64~67, 140
태왕〔太王, 고공단보(古公亶父)〕 206~210
태학(太學) 28, 40~43, 45, 48, 80

| ㅎ |

『한비자(韓非子)』 26
『한서(漢書)』 25
『한서』「예문지(藝文志)」 25, 26, 177
한유(韓愈) 21, 25, 137
『혹문(或問)』(『중용혹문(中庸或問)』) 146
황제(黃帝) 41
『효경(孝經)』 18